分県登山ガイド 14

# 山梨県の山

長沢　洋 著



山と溪谷社

分県登山ガイド――14

# 山梨県の山

## 目次

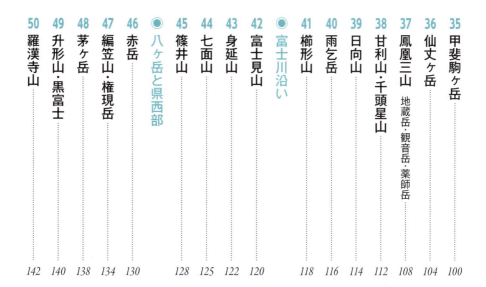

●本文地図主要凡例●

紹介するメインコース。

本文か脚注で紹介しているサブコース。一部、地図内でのみ紹介するコースもあります。

Start Goal Start Goal 225m
出発点／終着点／出発点・終着点の標高数値。

管理人在中の山小屋もしくは宿泊施設。

紹介するコースのコースタイムのポイントとなる山頂。

○ コースタイムのポイント。

管理人不在の山小屋もしくは避難小屋。

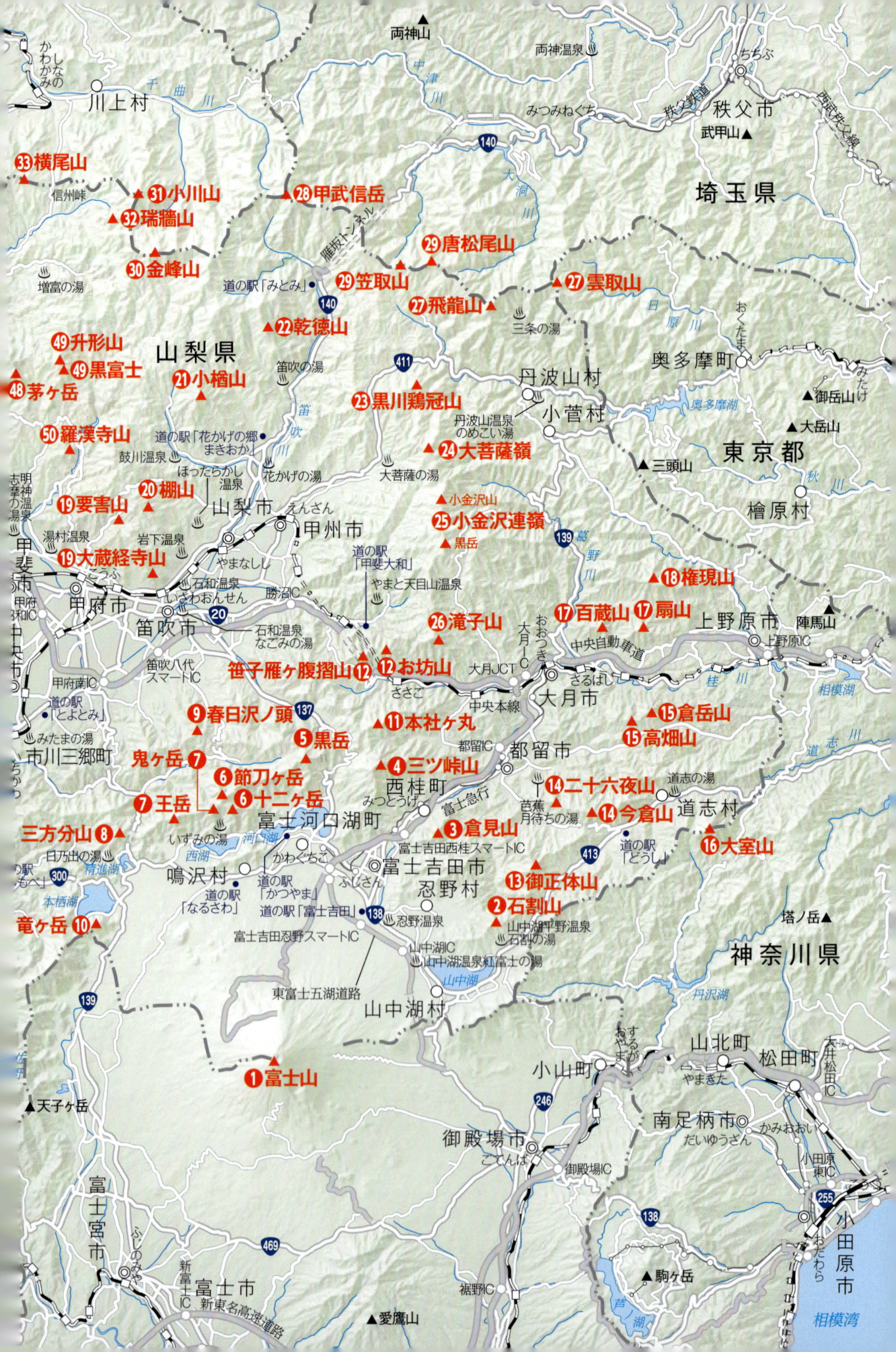

両神山
両神温泉
ちちぶ
秩父市
武甲山
秩父鉄道
西武秩父線
かわかみ
しなの
川上村
千曲川
中津川
みつみねぐち
140
大洞川
埼玉県
33 横尾山
信州峠
31 小川山
32 瑞牆山
30 金峰山
28 甲武信岳
雁坂トンネル
29 唐松尾山
29 笠取山
27 雲取山
27 飛龍山
増富の湯
道の駅「みとみ」
三条の湯
日原川
おくたま
22 乾徳山
49 升形山
49 黒富士
山梨県
21 小楢山
48 茅ヶ岳
笛吹の湯
411
丹波山村
23 黒川鶏冠山
奥多摩町
みたけ
御岳山
奥多摩湖
丹波山温泉 のめこい湯
小菅村
大岳山
50 羅漢寺山
道の駅「花かげの郷 まきおか」
鼓川温泉
笛吹川
24 大菩薩嶺
三頭山
東京都
花かげの湯
大菩薩の湯
ほったらかし温泉
20 棚山
19 要害山
山梨市
えんざん
甲州市
小金沢山
25 小金沢連嶺
秋川
檜原村
明神の湯 志摩の湯温泉
湯村温泉
岩下温泉
19 大蔵経寺山
道の駅「甲斐大和」
黒岳
139
葛野川
やまなし
石和温泉
やまと天目山温泉
18 権現山
甲斐市
甲府市
いさわおんせん
勝沼IC
26 滝子山
17 百蔵山
17 扇山
笛吹市
20
石和温泉 なごみの湯
おおつき
上野原市
陣馬山
中央市
甲府昭和IC
笛吹八代スマートIC
笹子雁ヶ腹摺山 12
12 お坊山
大月JCT
大月IC
中央自動車道
上野原IC
甲府南IC
ささご
さるはし
大月市
桂川
相模湖
道の駅「とよとみ」
9 春日沢ノ頭
137
中央本線
15 倉岳山
5 黒岳
11 本社ヶ丸
15 高畑山
みたまの湯
市川三郷町
都留IC
都留市
鬼ヶ岳 7
道志川
6 節刀ヶ岳
4 三ツ峠山
西桂町
14 二十六夜山
道志の湯
7 王岳
6 十二ヶ岳
みつとうげ
富士急行
芭蕉月待ちの湯
14 今倉山
道志村
富士河口湖町
三方分山 8
いずみの湯
3 倉見山
河口湖
富士吉田西桂スマートIC
道の駅「どうし」
16 大室山
西湖
かわぐちこ
日乃出の湯
精進湖
道の駅「かつやま」
富士吉田市
413
鳴沢村
ふじさん
本栖湖
300
道の駅「なるさわ」
忍野村
13 御正体山
道の駅「富士吉田」
2 石割山
竜ヶ岳 10
138
忍野温泉
山中湖平野温泉 石割の湯
塔ノ岳
富士吉田忍野スマートIC
山中湖IC
神奈川県
山中湖温泉紅富士の湯
山中湖
139
東富士五湖道路
山中湖村
丹沢湖
おやま
するが
山北町
松田町
1 富士山
小山町
やまきた
天子ヶ岳
246
南足柄市
かみおおい
だいゆうさん
御殿場市
ごてんば
御殿場IC
小田原東IC
255
富士宮市
138
小田原市
おだわら
駒ヶ岳
469
新富士IC
富士市
ふじのみや
裾野IC
芦ノ湖
新東名高速道路
愛鷹山
相模湾

# 山梨県の山 全図

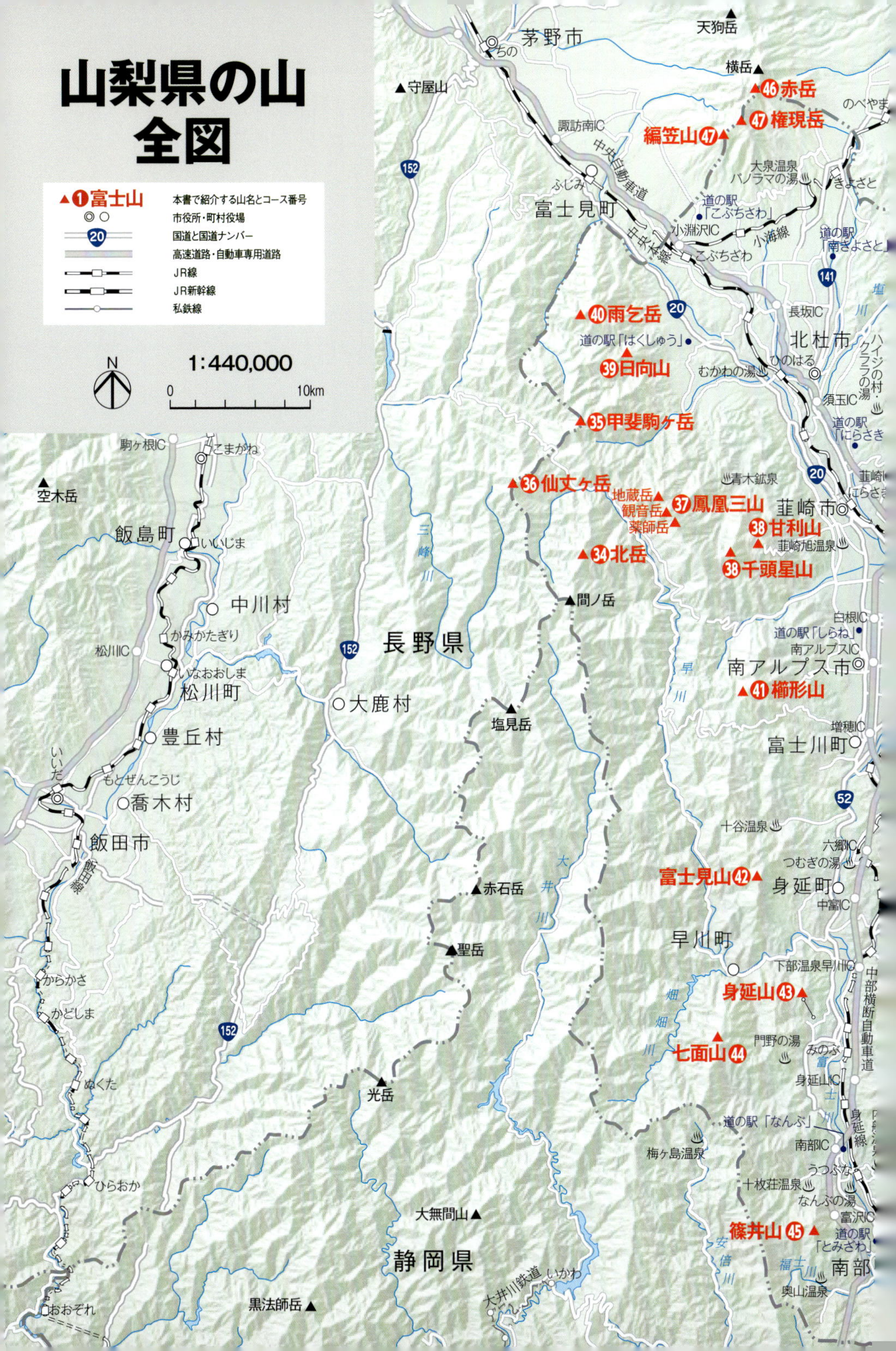

▲❶富士山 本書で紹介する山名とコース番号
◎ ○ 市役所・町村役場
20 国道と国道ナンバー
高速道路・自動車専用道路
JR線
JR新幹線
私鉄線
N
1:440,000
0
10km
茅野市
ちの
天狗岳
横岳
守屋山
46赤岳
47権現岳
のべやま
編笠山47
諏訪南IC
中央自動車道
大泉温泉
パノラマの湯
きよさと
ふじみ
富士見町
道の駅「こぶちさわ」
小淵沢IC
中央本線
小海線
こぶちさわ
道の駅「南きよさと」
141
40雨乞岳
20
長坂IC
北杜市
道の駅「はくしゅう」
39日向山
むかわの湯
ひのはる
ハイジの村
クララの湯
須玉IC
道の駅「にらさき」
35甲斐駒ヶ岳
青木鉱泉
20
韮崎
にらさき
36仙丈ヶ岳
地蔵岳
観音岳
薬師岳
37鳳凰三山
韮崎市
38甘利山
韮崎旭温泉
34北岳
38千頭星山
間ノ岳
白根IC
道の駅「しらね」
南アルプスIC
南アルプス市
41櫛形山
早川
増穂IC
富士川町
塩見岳
十谷温泉
52
六郷IC
つむぎの湯
富士見山42
身延町
中富IC
赤石岳
大井川
早川町
下部温泉早川IC
中部横断自動車道
聖岳
身延山43
雨畑川
七面山44
門野の湯
みのぶ
富士川
身延山IC
光岳
道の駅「なんぶ」
身延線
梅ヶ島温泉
南部IC
うつぶな
十枚荘温泉
なんぶの湯
富沢IC
篠井山45
道の駅「とみざわ」
安倍川
大無間山
静岡県
南部
奥山温泉
大井川鉄道
いかわ
黒法師岳
152
駒ヶ根IC
こまがね
空木岳
飯島町
いいじま
中川村
三峰川
長野県
152
かみかたぎり
松川IC
いなおおしま
松川町
大鹿村
豊丘村
いいだ
もとぜんこうじ
喬木村
飯田市
飯田線
からかさ
かどしま
152
ぬくた
ひらおか
おおぞれ

# 概説　山梨県の山

——長沢　洋

47都道府県中32番目という狭い面積の山梨県に、日本でも指折りの高い山々が指呼の距離で覇を競う。前衛の派生尾根には、それら名だたる高山を間近に仰ぐ、さまざまな中・低山が列をなす。さらには、県境で多くの山を本県と折半する長野、静岡両県の、同じくわが国の屋根を形づくる山々の借景。山から山を眺めるのは登山の大いなる楽しみのひとつであるが、これだけの大スターたちと個性豊かな脇役陣が同じ舞台に勢ぞろいする県はほかにない。それだけに登山という遊びが求める要素の多くが山梨県の山にあることは推して知るべしである。

観光や登山の対象としての山の評価は、知られ、眺められ、登られて決まる。地勢の特徴のみならず、東京首都圏に隣接するという社会地理的条件が本県を観光地としての山岳県たらしめたのを忘れてはならない。

近代登山の発生は、産業革命とそれに伴う移動手段の発達に原因があるが、要するに普段の生活が都会的になればなるほど一方で人は自然を希求した。よって、わが国最大の都会がおのずと生んだ同じく最大の登山人口が、近くて交通の便がよい山の宝庫である山梨県を活動の場としたのは当然であった。

その結果、高山のみならず、隅々の中・低山までがくまなく歩かれ、案内書その他によって喧伝され、人口に膾炙されるにいたった。つまり山梨県の山には総じて登山者の影が濃いのである。

## ●県を東西に分ける分水嶺

山に降った雨は川をなし、海にいたる。海のない山梨県の水系は単純で、3つしかない。東京湾に注ぐ多摩《たま》川（丹波《たば》川）水系、相模《さがみ》湾に注ぐ相模川（桂《かつら》川、道志《どうし》川）水系、そして駿河《するが》湾に注ぐ富士《ふじ》川（釜無《かまなし》川、荒《あら》川、笛吹《ふえふき》川）水系で（カッコ内は県内の主要な支流）、前者2本の流域を郡内（県東部と富士五湖地方）、後者の流域を国中《くになか》（甲府盆地とその周辺）とよぶのが本県の大ざっぱな分け方である。

これは古くから甲斐《かい》の国を分ける政治的区分の流れをくむが、そもそも水系や地域を区分するのは山地の障壁にほかならない。それがすなわち、埼玉との県境、奥秩《おくちち》父《ぶ》主稜の雁《がん》峠から南下し、柳沢《やなぎさわ》峠で大菩薩連嶺《だいぼさつれんれい》、笹子《ささご》峠で御坂《みさか》山地、そして本栖《もとす》湖付近で天子《てんし》山地

新緑の横尾山。甲州には広葉樹の森が多い

北杜市長坂湖からの甲斐駒ヶ岳。県の南東の端に八面玲瓏の富士、北西の端に無骨の美、この甲斐駒がある

につながる長大な山稜である。当然ながらそこには古来重要な往還が通り、前述の峠以外にも、大菩薩峠や御坂峠などを越えていた。

　山梨県はこの分水嶺を境に、文化も気候も少々異なる。文化論はさておき、これらの山地の樹林が一様に県下屈指のみずみずしさをもつのは気候の境目にあるからではないかと私は考えている。またその位置から、富士山の展望にひときわすぐれ、それは県東部（郡内）の山全般にもいえる。

## ●山域の特徴

**●富士山**　本県の高山の代表をあげよとなれば、これはもう富士山である。山梨県の山歩きをひとことで表わせば「富士山をめぐる山歩き」といっても過言ではない。その周囲を取り囲む本県の山々からは、八面玲瓏とはいうものの、各々異なった姿の富士山を望むことができる。本書で取り上げた山々はすべて、多かれ少なかれ富士山の展望を売り物とする。標高、容姿、歴史、あらゆる点で傑出した山梨県、というよりは日本の山の象徴である。

**●南アルプス**　県の中心である甲府盆地や、盆地をめぐる山々のいたるところから望む南アルプスの大いなる山脈こそ、山梨県を代表する山岳景観である。北端の金字塔、甲斐駒《かいこま》ヶ岳《たけ》、前衛の鳳凰《ほうおう》三山、他県ではあるが、悪沢岳《わるさわだけ》、赤石《あかいし》岳《だけ》、聖岳《ひじりだけ》の巨人たち。わけても白峰《しらね》三山のおおどかで堂々たる連なりこそ、甲斐の西の鎮にふさわしい。明治の末、野尻抱影が「甲斐の存在は、甲斐が根ありて、初めて認められる心地仕候」と小島

秋の黒富士。甲州の秋はもっぱら黄葉だ

烏水にしたためたごとく、山を見る人、登る人にとって、昔も今も白峰は本県の山の顔、「甲斐《かい》ヶ根《ね》」である。

**●奥秩父**　田部重治の紀行で知られる笛吹川東沢をはじめ、多くの美しい沢を秘めた深い黒木の森。そんな森に覆われた重厚な稜線が、2500㍍内外の、わが国では第一級の高さの山々を興しながら、県の北を限ってうねる。その中にあっては、なんといっても金《きん》峰山《ぷさん》がこの山地の盟主である。その山容の膨大さは日本アルプス級の山にもめったにはなく、甲斐の国の北鎮たる貫禄充分である。金峰山を含む、甲武信岳《こぶしだけ》から西に連なる長野県境をなす山稜は日本の中央分水嶺でもある。

千円札の図柄で有名な本栖湖の富士

**●八ヶ岳**　甲府盆地から北西、釜無川の上流方向（諏訪口《すわぐち》という）の空を、実に美しいスカイラインが限っている。富士山のそれにも匹敵する八《やつ》ヶ岳《たけ》のコニーデの稜線である。

　本県は主峰赤岳《あかだけ》から南東部分の、面積でいえば八ヶ岳全体のせいぜい六分の一程度を占めるにすぎないが、そのエッセンスは充分に備える。特に甲州側の麓から見る、冗漫になるすんでのところで踏みとどまった幅で、左右に優美な裾を引く、赤岳を中心にきりりと引き締まった八ヶ岳の姿は、山岳美のひとつの典型である。

レンゲツツジ咲く高原も多い

県を代表する渓谷、昇仙峡の冬

本書では、以上の山域にある代表的な高山と、それをとりまく山々を、私の好みで選んで紹介した。

## ●気候と四季の魅力

なまよみの「甲斐」は、山間の狭い場所をいう「峡」の転化だという。確かに県東部や富士川下流域にはそんな山里も多いが、その語感とはうらはらに、甲斐の山々は全般に底抜けに明るい。県央・甲府盆地の空の広さや高冷地ゆえ植林もスギ・ヒノキよりはカラマツが多いことにもよるのだろうが、なんといっても降水量の少なさと、日照時間の多さがともに全国トップクラスという内陸性気候が山々を明るくしているのだと思う。「お山は晴天」率がとても高いのである。

　冬場も太平洋側の気候に属するため、概して晴天の日が多い。一部の高山をのぞけば積雪量は少ないが、低山でも冷えこみは厳しい。いったん融けた雪が凍りついていたり、少ない雪でも登山者に踏み固められていたりすれば始末が悪い。冬は足回りの準備を怠ってはならない。

　桃色に染まる甲府盆地を眼下に、霞に淡く溶けこむ残雪の白峰

世にも美しい鳳凰三山の縦走路

上：早春に咲くミツバツツジ
下：信仰の山、身延山

甲府盆地側からの八ケ岳は、赤岳を頂点に間然するところがない

を眺め、尾根をゆく春。

里の初夏、山ではあらゆる草木が萌え出づる春である。山梨県は梅雨時もじめじめした日は続かない。富士山に農鳥現れ、若葉色にツツジが映え、命みなぎる。

凛とした朝の大気、早くも湧く入道雲、雷雨のあとのハイマツと岩と土の匂い、狂乱の去った静かな夕暮れ。3000メートル、真夏の稜線。

高い山の絢爛が里に降りてくるころには、すでにその山肌には白い化粧が施されている。積もった落ち葉をラッセルしてすすむ、やけに明るくなった晩秋の尾根道。

西高東低、冬型の強まった朝、凍てついた大気は触ると切れそうだ。紺碧の空の下、甲斐の峰々は白皚々として音もない。

＊

本書で取り上げたのは、ここで項を設けて概説した代表的な山地の高山よりは、それらを仰いで季節を問わず気楽に登れる前衛の中・低山が多い。冒頭に書いたように、豪華な山岳展望こそ、本県ならではのぜいたくな楽しみだからである。自分の登った山を別の山から眺めるよろこびはまた格別である。本書が甲斐の山々と親しくなる一助になればと願う。

## 本書の使い方

**■日程**　山梨県内主要都市を起点に、アクセスを含めて、初・中級クラスの登山者が無理なく歩ける日程としています。

**■歩行時間**　登山の初心者が無理なく歩ける時間を想定しています。ただし休憩時間は含みません。

**■歩行距離**　2万5000分ノ1地形図から算出したおおよその距離を紹介しています。

**■累積標高差**　2万5000分ノ1地形図から算出したおおよその数値を紹介しています。は登りの総和、は下りの総和です。

**■技術度**　5段階で技術度・危険度を示しています。は登山の初心者向きのコースで、比較的安全に歩けるコース。は中級以上の登山経験が必要で、一部に岩場やすべりやすい場所があるものの、滑落や落石、転落の危険度は低いコース。は読図力があり、岩場を登る基本技術を身につけた中～上級者向きで、ハシゴやクサリ場など困難な岩場の通過があり、転落や滑落、落石の危険度があるコース。は登山に充分な経験があり、岩場や雪渓を安定して通過できる能力がある熟達者向き、危険度の高いクサリ場や道の不明瞭なやぶがあるコース。は登山全般に高い技術と経験が必要で、岩場や急な雪渓など、緊張を強いられる危険箇所が長く続き、滑落や転落の危険が極めて高いコースを示します。

**■体力度**　登山の消費エネルギー量を数値化することによって安全登山を提起する鹿屋体育大学・山本正嘉教授の研究成果をもとにランク付けしています。ランクは、①歩行時間、②歩行距離、③登りの累積標高差、④下りの累積標高差に一定の数値をかけ、その総和を求める「コース定数」に基づいて、10段階で示しています。が1、が2となります。通常、日帰りコースは「コース定数」＝40以内で、～（1～3ランク）。激しい急坂や危険度の高いハシゴ場やクサリ場などがあるコースは、これに～（1～2ランク）をプラスしています。また、山中泊するコースの場合は、「コース定数」＝40以上となり、泊数に応じて～もしくはそれ以上がプラスされます。紹介した「コース定数」は登山に必要なエネルギー量や水分補給量を算出することができるので、体力不足による遭難防止や熱中症予防に役立てることもできます。

| | | 時間の要素 | | 距離の要素 | | 重さの要素 |
|---|---|---|---|---|---|---|
| 行動中のエネルギー消費量（kcal） | ＝ | 1.8×行動時間（h） | ＋ | 0.3×歩行距離（km）＋10.0×上りの累積標高差（km）＋0.6×下りの累積標高差（km） | × | 体重（kg）＋ザック重量（kg） |
| ＊kcalをmlに読み替えるとおおよその脱水量がわかります | | 山側の情報 ―「コース定数」 | | | | 登山者側の情報 |

01

# 日本の文化を育んだ、国を象徴する山
# 富士山

ふじさん
3776m（剣ケ峰）

一泊二日

1日目　歩行時間＝3時間20分　歩行距離＝4・1km
2日目　歩行時間＝7時間30分　歩行距離＝12・9km

技術度
体力度

| | |
|---|---|
| コース定数＝42 | |
| 標高差＝1472m | |
| 累積標高差 | ↗1675m ↘1675m |

クジラのような形の山中湖。手前の草原は北富士演習場

富士山はいわずと知れた日本の山の象徴である。日本一高く、膨大で端正な山が、島国である日本のちょうど表玄関のような海際にそびえ立っているのである。すべてが傑出しているがゆえに「偉大なる通俗」になってしまう典型的な例である。

２０１３年に世界文化遺産に登録されたことでさらにクローズアップされ、夏の登山者はことに多くなっている。

山梨県側からの登路は、河口湖《かわぐちこ》口《ぐち》五合目を起点とする最も登山者の多い吉田《よしだ》ルートである。車で五合目までいっきに登っているのだから、身体を高さに馴らすことが大切である。

一般的には一泊二日で登る。初日はあまり高くまで登らないで泊まり、翌日できるだけ早く出発して登頂するとよい。本稿では八合目で宿泊する設定で紹介する。ただし、高度順応は個人差が大きいので、不安であれば、五合目や七合目に泊まることも考えて行動することにしよう。

**第1日**　富士スバルラインの終点、土産物店の立ち並ぶ**河口湖口五合目**の雑踏を抜け、下り気味に砂礫の車道を歩く。すでに見わたす山々を眼下とする高さである。泉《せん》ヶ滝《たき》分岐で佐藤小屋へ続く車道と別れ、右へと登山道に入る。**六合目**の安全指導センターをすぎ、下山路と合流すると、いよいよ本格的な登りがはじまるが、最初はまだ傾斜も緩やかだ。

七合目最初の山小屋である花小屋から八合目の蓬莱館あたりまでは岩尾根上に建つ山小屋を次々に通過しながらの急登で、実に苦しいところである。夏の最盛期には七合目トモエ館の上に救護所がある。あまり上を見ないように登るのが賢明だ。七合目から**八合目**にかけては山小屋が連続する。早めにそのいずれかに宿をとって体を休めることにしよう。

**第2日**　富士山の朝は、夜が明ける前からライトの列が山頂まで続く。山頂かその直下でご来光を拝したいなら、午前3時前後から歩きはじめるといいだろう。

須走《すばしり》ルートを合わせるのは**本八合**、すでに日本では富士山以外にここより高い地点はない。なんら

**■鉄道・バス**
往路・復路＝富士急行河口湖駅から富士急バスに乗車、約50分で富士山五合目へ。あるいはバスタ新宿から中央高速バスで富士山五合目へ直行

御坂峠から見る5月はじめの富士山。河口湖を前景とする風景は日本人がイメージする富士山そのものだろう

かの高山病の症状の出る人が多くなる。あわてないことである。

山頂の石鳥居は手が届きそうな距離に見えるが、ここからがまた苦しい。登山道も狭くなる上に、立ち止まる人が増えるので最盛期には渋滞する。

ようやくたどり着いた吉田ルート頂上にある**久須志《くすし》神社**に拝礼をすませ、山小屋の建ち並んだ富士山銀座を通り抜ける。火口が一望でき、ついに頂上に着いたと実感

白山岳は剣ヶ峰に次ぐ高さである

することもできる（約2時間25分）。

■マイカー
中央自動車道河口湖ICから富士スバルライン約23・5㌔で富士山五合目。マイカー規制中はスバルライン料金所付近の富士北麓駐車場まで。

■登山適期
登山を常日頃の趣味として楽しんでいる人なら、観光客にペースを狂わされるような、7月下旬〜8月中旬の最盛期は避け、同じ夏でも7月1日の山開きから夏休みがはじまるまでと、お盆の終わった8月下旬〜9月初旬ごろに登るのが賢明。

■アドバイス
▽富士スバルラインは例年7月上・中旬〜9月上・中旬にマイカー規制される（詳しくは山梨県道路公社ホームページへ）。規制中は料金所付近の富士北麓駐車場にマイカーを置いてシャトルバスで登る。
▽河口湖口に戻る必要がなければ、砂走りを使える御殿場口、須走口に下るのが楽しい。

■問合せ先
富士吉田市役所☎0555・22・1111、富士急バス本社営業所☎0555・72・6877、中央高速バス☎03・5376・2222、富士山有料道路管理事務所☎0555・72・5244

■2万5000分ノ1地形図
富士山・須走

吉田口頂上付近から火口を隔てて、かつてレーダードームがあった剣ヶ峰を見る

できるだろう。正面に、かつては測候所のレーダードームのあった、富士山最高点**剣《けん》ヶ峰《みね》**が見える。余力があればその頂上を踏み、お鉢めぐりをするのもよいだろう。

下山路は富士山銀座のはずれからはじまるブルドーザー道を利用する。砂礫の道は決して歩きやすいとはいえないが、それでも登りとは段違いのスピードが出る。

**八合目江戸屋**で須走ルートを分けるが、河口湖口に戻るつもりで、須走へ下ってしまう人が相変わらず多いようなので要注意だ。案内板をよく確認すること。小屋で休むならここが最後となる。

砂ぼこりのたつ道をひたすら下り続け、公衆トイレまでたどり着くと傾斜が緩み、シエルターをくぐる。**六合目**で往路の登山道と合流して、**河口湖口五合目**へ戻る。無事下山した報告を兼ねて小御岳神社に参拝してから帰ろう。

## CHECK POINT

1 五合目駐車場付近は、山には登らない観光客でいつもにぎわっている

2 まず平坦な車道歩きから登山ははじまるが、すでに雲上の道である

3 泉ヶ滝分岐で佐藤小屋へ向かう車道と分かれて登山道へ入るが、傾斜はまだ緩い

4 六合目にある富士山安全指導センターは、富士吉田警察の派出所も兼ねている

5 六合目近くで下山道が合流したのちは、登りだけの一方通行の道となる

6 六合目をすぎると頂上にいたる小屋群が見えてくるが、なかなか近づかない

7 小屋の間を通って本八合をすぎると、いよいよ胸突八丁の急登がはじまる

8 吉田口山頂の久須志神社付近は富士山銀座とよばれ、登山者でにぎわっている

9 広い下山道は足まかせに下れるが、砂礫の道なのでスパッツがあると助かる

10 八合目をすぎると下山道には小屋がない。雷や悪天時には避難小屋を利用する

11 七合目の公衆トイレをすぎると道の傾斜が緩くなって六合目へと向かう

12 シェルターをくぐって山腹を横切り、六合目へ

山梨県側から富士山に登る際は、通行料(1人2000円)と、協力金(1人1000円・任意)をお願いしている。また、吉田ルート五合目の登山道入口にゲートを設け、山小屋の宿泊予約がある人などを除いて以下の通行規制を行う。①16時～翌日3時の時間帯に登下山道の閉鎖、②登山者が1日あたり4000人を超える場合にも登下山道を閉鎖する。詳細は「富士登山オフィシャルサイト」へ

02

# 石割山

## ひたすら富士山を眺めながら歩く草尾根縦走

いしわりやま
1413m

日帰り

歩行時間＝3時間40分
歩行距離＝9・0km

技術度 ●●○○○
体力度 ●○○○○

コース定数＝**16**
標高差＝423m
累積標高差 ↗630m ↘630m

石割山からの富士山と、これから歩く稜線

石割山の頂上からはじまる山中《やまなか》湖北岸の草尾根を、湖水越しに刻々と大きさを増していく富士山に向かって歩く。夢にまで富士山が出てきそうな富士山漬けの一日となるだろう。

**平野《ひらの》バス停**から国道413号を道志《どうし》方面に歩き、石割神社前宮の赤鳥居で国道と分かれて左に入る。車道は大きな堰堤の前で終わり、駐車場やトイレがある。川向こうの鳥居からはじまる**石割神社参道**は、天まで届くかという果てしない石段である。覚悟を決めて、ゆっくりと登るとしよう。

およそ400段の石段を登りきるとあずまやがあって、**石割の湯からの道**を合わせる。ここから石割神社までは車が通れるほどの道が尾根を巻きながら続く。

**石割神社**には山の名前の由来となった真っ二つに割れた大岩の下に神殿がある。岩の割れ目を不浄の者は抜けられないというから身に覚えのある人は入らないように。

やっと登山道らしくなった道をわずかで明るく開けた**石割山**に着く。富士山が目の前に大きいのは当然として、遠くは奥多摩、奥秩父、南アルプス、近くは御坂《みさか》や道志の山々がずらりと見わたせる。

ここから南西方向に延々と続く尾根はいくつもの小突起を起こして高度を下げていき、その間、山中湖畔や忍野《おしの》村側に歩道や車道をいくつも分ける。火山土のすべりやすい急坂を下り、わずかに登り

**■鉄道・バス**
往路＝富士吉田駅から道志行きのバスに乗り、石割山ハイキングコース入口で降りるのが最短だが、本数が少ないので平野で下車するとよい。復路＝大出山入口を通るバスは少ないので、国道138号との合流点にあるホテルマウント富士入口まで行った方が本数は多い。大出山入口から約15分。

**■マイカー**
東富士五湖道路山中湖ICから約10㌔20分。石割神社参道入口には広い駐車場がある。

**■登山適期**
四季を通じて楽しめるが、いかにも富士山が富士山らしく雪をかぶった晩秋から初夏ころまでが特によい。風をさえぎる場所が少ないので、寒さ対策が必要。

**■アドバイス**
▽忍野へ下ったり、花の都公園へ下ったり、いろいろなルートがある。紹介コースにとらわれず、自由に楽しむとよい。
▽山中湖周辺では、10月から12月にかけて富士山山頂に夕日が沈むダイヤモンド富士を見ることができる。
▽温泉は石割の湯のほかに国道138号沿いに山中湖温泉紅富士の湯がある。

**■問合せ先**
山中湖村役場☎0555・62・11

返して平尾山《ひらおやま》に着く。わずかに下り、鉄条網で区切られた別荘地の脇を登ったのちの下りは、しばし緑のトンネルだ。

登り返して電波塔の建つ**大平山**《おおひらやま》へ着く。ここからの富士山がこの尾根筋では白眉だと思う。ゆっくり昼休みでもするなら、ここまでいっきに来た方がいいかもしれない。

さらに飯《いい》盛山《もりやま》、長池《ながいけ》山《やま》を越えて車道へ出たら、左へ下る。湖畔へ出たところに**大出山**《おおでやま》**入口バス停**がある。

11、富士急山梨バス本社営業所☎0555・72・6877、山中湖平野温泉石割の湯☎0555・20・3355、山中湖温泉紅富士の湯☎0555・20・2700

■2万5000分ノ1地形図
御正体山・富士吉田

## CHECK POINT

鳥居をくぐって入る石割神社の参道は、行く先の見えないような果てしない石段からはじまる

長い石段は約400段。幸い段差は低く、傾斜も緩やかなので、ウォーミングアップになる

石段が終わるとあずまやがあって、石割の湯からの道を合わせる。神社まではなだらかで広い道が続く

石割神社のご神体の大岩は文字通り割れている。その間を3回通り抜けると霊験あらたかだそうな

神社からやっと山道らしくなって石割山に到着する。雨のあとや雪解け時にはドロドロになってしまう

大平山からは、前にさえぎるもののない富士山を望むことができる

03

# 倉見山

## 富士の大観と美しい樹林を楽しむ里山

くらみやま
1256m

日帰り

歩行時間＝4時間
歩行距離＝7・4km

技術度
体力度

コース定数＝18
標高差＝601m
累積標高差 779m 779m

三ツ峠山からの倉見山。すぐうしろが鹿留山、左奥は御正体山

倉見山は富士急行東桂《ひがしかつら》駅（都留市）から登って同 寿《ことぶき》駅（富士吉田市）へ下ることが多かったが、この山の半分を占める西桂町が、かくてはならじと同線の三つ峠駅を基点に、町内でほぼ登降が完結する周回ルートを整備した。西桂町営グラウンドの駐車場からも周回できるので、マイカー利用者にも大変好都合だ。ここではそのコースを紹介する。

周回コースをどの方向でめぐるかは自由だが、急に登って緩く下るのが足にはやさしい。そこでまず北側から登って、西へと下ることにする。頂上ではじめて富士の大観に迎えられる演出もすぐれている。

堂尾山公園への明るい尾根道

**グラウンド**から住宅街を抜けて中央道をくぐり突き当りの県道を右折、東に進むと厄神社への道標があり、それにしたがって右にとり中央道をくぐる。

その先で再び右に行くと**厄《やく》神社**がある。

ここから沢の左岸に沿った車道を登る。大きな堰堤のあるところからやっと山道となる。とかくわかりにくいのは登山口までの里道だが、

**■鉄道・バス**
往路・復路＝富士急行線三つ峠駅が起・終点となる（厄神社へ徒歩約25分）。
**■マイカー**
中央自動車道都留ICから約9キロで町民グラウンド駐車場へ。
**■登山適期**
四季を通じて登山できるが、標高が低いので、夏期は避けた方がよいだろう。
**■アドバイス**
▽電車利用で三ツ峠駅から歩くときも道標が辻々にあるので安心である。この場合、帰りは堂尾山公園から寿駅に下った方がずっと近い。寿駅へは相定ヶ峰から向原峠を経ても下れるが、道のよさ、展望ともに堂尾山公園への道がずっと勝れている。
▽町民グラウンドの手前にクマガイソウの群落があって、花期は4月下旬～5月中旬だが、見学期間と時間は決められていて、それ以外は立ち入ることはできない。
▽東桂駅から歩く場合は、国道の鹿留入口交差点から南へ約1キロ入ったところにある長泉院という寺が登山口になる。
**■問合せ先**
西桂町役場☎0555・25・2121
**■2万5000分ノ1地形図**
河口湖東部

辻々にりっぱな道標があって安心である。

沢沿いに高度を上げたのち山腹を登り、**さすの平**という地点で尾根に乗る。ベンチがあり、少し展望が開ける。ここから頂上にいたるまではなかなかの急登だが、広葉樹の多い雑木林の雰囲気がすばらしい。

頂上のわずか東で東桂からの道を合わせると、富士山が行く手の枝越しに見え、**倉見山**頂上でどんとお出ましになる。頂上のすぐ西にあるピークにはベンチやテーブルがある。

帰りは、いったん南へ急に下って、登り返したピーク（相定ヶ峰）で向原《むかいはら》峠への道を分け、市町界尾根を下る。明るい尾根道からは正面に富士山を望み、しかも実に傾斜が下りやすい。出色の下山道である。**堂《どう》尾山《おやま》公園**で向原と寿駅への道を分け、尾根歩きは終わる。暗い杉林を延々と歩き、出発点の**グラウンド**に戻る。

## CHECK POINT

マイカーの場合は西桂町民グラウンドの駐車場を利用するが、国道からの道筋は少々わかりにくい

中央道をくぐって右折した先に厄神社がある。中央高速バスの西桂バス停からも近い

沢に沿った車道を上流に向かって登ると、大きな鋼鉄製の堰堤が現れ、ここからやっと山道となる

沢を離れた道は、山腹を斜上して倉見山北尾根に出る。ここがさすの平で、桂川沿いの街並みが見える

頂稜に出ると、わずかで三角点のある倉見山頂上に着く。富士の眺めはひとつ南側のピークの方がいい

相定ヶ峰から堂尾山公園へは、枝越しに富士山を眺められる、明るくて歩きやすい尾根道が通じている

堂尾山公園からはそれまでと一転、薄暗い植林地が延々と続くが、道はしっかりしている

コンクリート会社の資材置き場の脇で沢を木橋で渡って、また中央道沿いに歩き、グラウンドに戻る

## 04

最も均整がとれた富士山。富士写真家のメッカ

# 三ツ峠山

みつとうげやま
1785m（開運山）

**日帰り**

歩行時間＝5時間
歩行距離＝12・2km

技術度 ■■□□□
体力度 ■■□□□

コース定数＝22

標高差＝550m

累積標高差 ↗835m ↘1235m

三ツ峠山頂（開運山）。前景にのびているのが府戸尾根

昭和の登山ブームのころ、県内で大菩薩峠と人気を二分した山である。富士山の展望台としての価値もさることながら、草原やお花畑、ロッククライミングゲレンデがその魅力を増している。

富士急行三つ峠駅から登るかつてのメインコースは、ごく短時間で登れる御坂口《みさかぐち》コースに王座を奪われた。こちらへはハイキングバスが通年で運行されている。

ここでは、御坂口から登り、下りは頂上から河口湖の船津《ふなつ》まで長くのびる府戸《ふと》尾根を富士山を正面に下ってみよう。

山頂から御坂主稜と南アルプス

**三ツ峠登山口バス停**で降りたら、御坂旧国道から分岐する西川《にしかわ》林道の舗装路をしばらく登り、左に分岐する未舗装の清八《せいはち》林道へと入ったところから登山道がはじまる。ここまで車が入れるが、駐車スペースは広くない。

登山道は、車で荷上げもする道でもあるので、荒れた林道を登るといった感じである。

いったん平坦になった場所にはベンチがある。ここからひと登りで木無山《きなしやま》の北側を巻くようになると高原風の景色が広がり、甲府盆

■**鉄道・バス**
往路＝富士急行河口湖駅から富士急バスで25分、三ツ峠登山口下車。9時50分発の1便のみのため、他の時間は便数の多い三ツ峠入口バス停から徒歩で登山口へ（約1時間15分）。復路＝河口湖駅から帰途につく。

■**マイカー**
三ツ峠山への往復なら、バス停から林道を少し入ったところに登山者用の駐車場がある。河口湖畔の船津浜駐車場などに車を置き、バスで登山口まで行けば楽に周遊できる。

■**登山適期**
四季を通じて楽しめる。積雪期はそれなりの用意がいるが、通年営業の山小屋が2軒あるのが心強い。花の多い山だから、初夏から初秋にかけてが花好きの人には楽しめよう。

■**アドバイス**
▽ロープウェイ富士見台駅から湖畔までは多くのアジサイが植えられ、花期はみごと。ロープウェイに乗ってしまうと見られない。湖畔から河口湖駅までは歩いて10分程度。

■**問合せ先**
富士河口湖町役場☎0555・72・1111、三ツ峠山荘☎0555・76・7473、四季楽園☎0555・76・7566、富士急バス本社営業所☎0555・72・6877

■**2万5000分ノ1地形図**
河口湖東部・富士吉田

地側の山々が見えてくる。

　その先で道は2軒の山小屋へと二手に分かれるが、どちらに行っても時間は変わらない。山頂へは四季楽園《しきらくえん》の前を通りすぎて、少々すべりやすい急斜面を登る。**開運**《かいうん》

上：四季楽園
下：三ツ峠山荘

ロープウエイ駅からの河口湖

**山**《ざん》頂上からは富士山の絶景はいわずもがなで、北から東にかけてこそ林立する電波塔に視界をじゃまされるものの、遠く北アルプスまで眺めは広い。
　富士山方面にうねって落ちていく尾根がこれからたどる府戸尾根である。四季楽園まで戻り、三ツ峠山荘前を通って、木無山の草原の縁を柵に沿って歩く。
　右に母ノ白滝への道を分けると長い下りがはじまる。道は概して尾根の河口湖側につけられている。やがて**送電線鉄塔**の建つ草地で眺めが開ける。
　**西川林道**を横断し、天上山を越えて**ロープウェイの駅**まで来たら、付近はいっきに俗な観光地で長居は無用だ。あじさい公園になっている尾根伝いに下り、突き当たった車道を右すれば**河口湖畔**へ、左すれば河口湖駅へ出られる。

## CHECK POINT

1 登山口には駐車場とトイレがある。広くはないので、休日には車であふれる

2 三ツ峠山荘への分岐。直進は四季楽園に通じる。どちらへ行っても大差ない

3 電波塔の林立する最高点開運山。岩登りのゲレンデ、屏風岩の頂上でもある

4 母ノ白滝分岐付近が木無山で、植生保護のため歩道以外は立入禁止である

5 尾根の西側山腹を歩くことが多いが、やがていかにも尾根道らしくもなる

6 送電鉄塔の建つ地点で再び現れた富士は、前にも増して大きくなっている

7 霜山をすぎると今度は尾根の東側を歩くようになり、やがて西川林道を横切る

8 天上山への登りは短いが、それまでずっと下りっぱなしだった足にはつらい

9 小御嶽神社のある天上山山頂からは、富士山は杉の木の間に見える

10 ロープウェイの駅付近は観光客だらけなので、さっさと通過するに限る

11 ナカバ平展望公園には富士山に碑面を向けて太宰治の文学碑が建っている

12 周囲に多くのアジサイが植えられた歩道を下り、護国神社で車道に出る

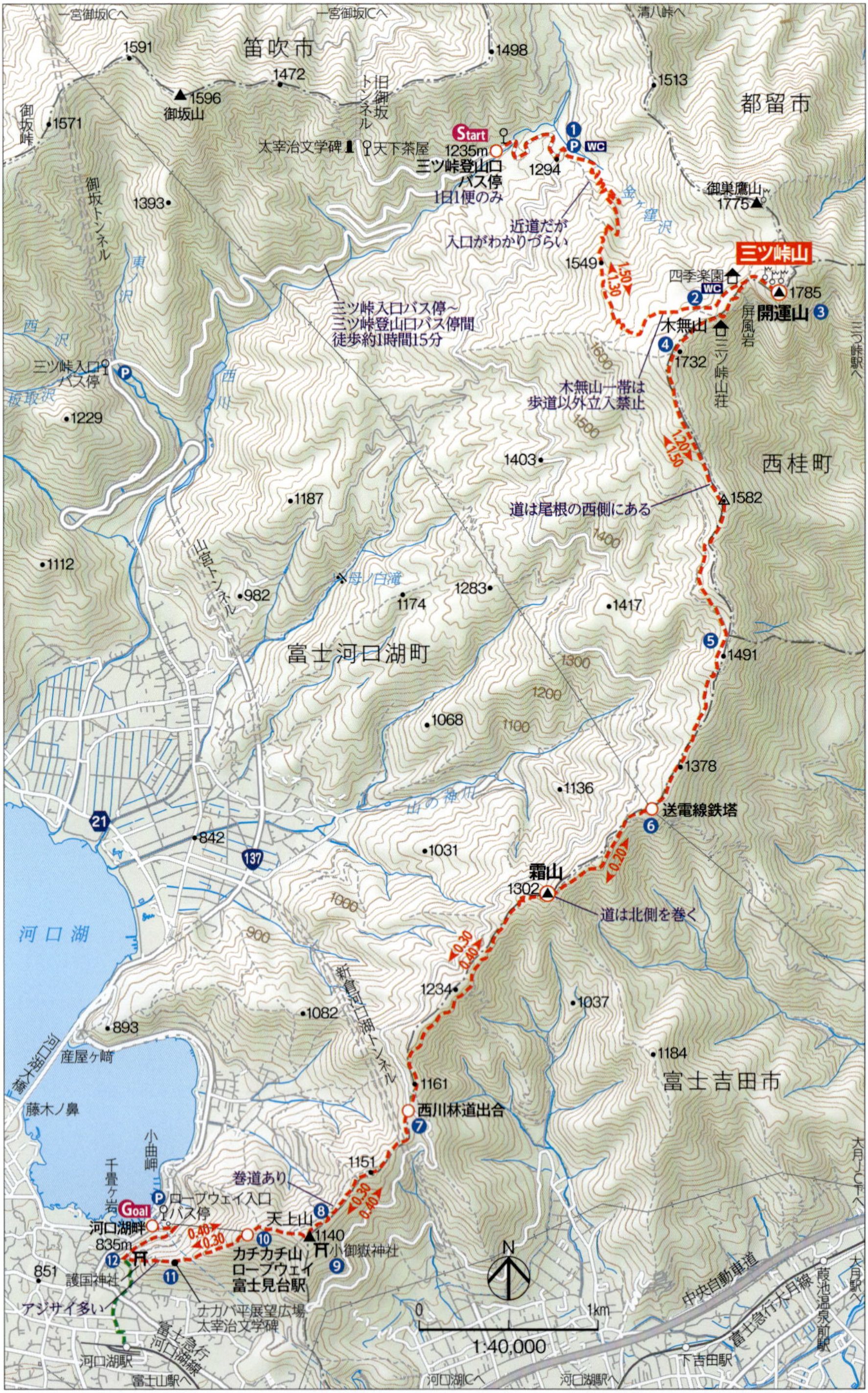
一宮御坂ICへ
一宮御坂ICへ
清八峠へ
笛吹市
都留市
1591
1498
1472
1596
御坂山
1513
御坂峠
1571
旧御坂トンネル
Start
太宰治文学碑
天下茶屋
1235m
三ツ峠登山口バス停
1日1便のみ
1294
WC
御巣鷹山
1775
金ヶ窪沢
御坂トンネル
1393
近道だが入口がわかりづらい
三ツ峠山
1549
四季楽園
WC
1785
開運山
屏風岩
木無山
1732
三ツ峠山荘
三ツ峠入口バス停～三ツ峠登山口バス停間徒歩約1時間15分
西ノ沢
三ツ峠入口バス停
板取沢
1229
木無山一帯は歩道以外立入禁止
西桂町
1403
1187
1582
道は尾根の西側にある
1112
山宮トンネル
母ノ白滝
982
1174
1283
1417
富士河口湖町
1491
1068
1378
1136
送電線鉄塔
21
842
137
1031
霜山
1302
道は北側を巻く
河口湖
1234
1037
893
1082
新倉河口湖トンネル
河口湖大橋
産屋ヶ崎
1184
1161
富士吉田市
藤木ノ鼻
西川林道出合
小曲岬
千畳ヶ岩
1151
巻道あり
Goal
ロープウェイ入口
バス停
河口湖畔
835m
天上山
1140
小御嶽神社
カチカチ山ロープウェイ富士見台駅
851
護国神社
アジサイ多い
ナカバ平展望広場
太宰治文学碑
中央自動車道
富士急行大月線
葭池温泉前駅
大月JCTへ
大月駅へ
三つ峠駅へ
富士急行河口湖線
河口湖駅
下吉田駅
1:40,000
0
1km
富士山駅へ
河口湖ICへ
河口湖駅へ

05

# 富士山を友に、御坂山地最高峰を越えて縦走する

# 黒岳

くろだけ
1793m

日帰り

歩行時間＝6時間25分
歩行距離＝10・8km

技術度
体力度

コース定数＝26
標高差＝783m
累積標高差 ↗1055m ↘1125m

河口湖北岸、河口湖美術館付近からの御坂黒岳

河口《かわぐち》湖畔からは富士山にばかり目がいくが、北岸に連なる御坂《みさか》山地を忘れてもらっては困る。その盟主・黒岳の堂々たる根張りはなかなかたいしたものである。もっとも、その富士山を眺めながらの山歩きが御坂の山の楽しさでもある。

黒岳をはさんで東西にある、いずれも歴史の古い御坂峠と大石《おおいし》峠

錦秋の船津浜からの御坂主稜。中央右が黒岳

小広い草地が広がる大石峠

■鉄道・バス
往路＝富士急行河口湖駅から富士急バス16分、三ツ峠入口バス停で下車。ダイヤは事前に確認のこと。
復路＝大石峠バス停から富士急バス38分で河口湖駅へ。

■マイカー
河口湖畔の船津浜駐車場などに車を停めて、バスを利用すれば縦走登山も可能。黒岳を往復するだけなら三ツ峠入口バス停そばに数台の駐車スペースがある。

■登山適期
新緑か紅葉の時季がよい。稜線の北側に道があることも多いから、積雪期はそれなりの足ごしらえが必要だ。

■アドバイス
▽バス利用なら、御坂峠を北側の藤野木から登ってみるのもおもしろい。しっとりした樹林帯は、ことに紅葉の時季がすばらしい。大石峠からは芦川へ下ってみるのもいい。峠道の雰囲気は大石側よりはるかによい。
▽黒岳からは南稜を経て三ツ峠入口バス停への道もあるので、黒岳だけというならマイカー向きの周回コースもとれる。

■問合せ先
富士河口湖町役場☎0555・72・1111、富士急バス本社営業所☎0555・72・6877

■2万5000分ノ1地形図
河口湖東部・河口湖西部

を2つ結んだ縦走は、御坂山地東部のエッセンスをすべて味わえるといっていいだろう。

**三《み》ツ峠《とうげ》入口バス停**でバスを降りたら、新御坂トンネルのすぐ手前から右に現在の御坂峠（天下《てんか》茶屋のある場所）への車道が分岐する。本来の峠道はその車道に入ってすぐ左手にはじまる。登るにしたがって明るさを増し、美しい広葉樹の枝越しに富士山が見えてくる。たどり着いた**御坂峠**には御坂茶屋（休業中）が建っている。富士山は樹木に少々隠されてしまうが、この風景が甲州富士見三景のひとつである。

西へ黒岳への縦走路は最初は緩やかだが、やがて岩をからむような急登となる。

**黒岳**はブナの多いしっとりとした広い頂上で、一等三角点から南に数分の展望台から富士山や南アルプスの大観が得られる。

西への縦走は、雰囲気のいい樹林帯の柔らかい地面を踏んでの快適だが急な下りにはじまる。下りきったところが**すずらん峠**で、南北に峠道がある。そこから破風山を越えた次の鞍部が**新道《しんどう》峠**。FUJIYAMAツインテラスが新設されている。大石峠まではまだ遠いので、都合で早く下山する場合はこれら2つの峠から下るとよい。新道峠北側の車道終点にはスズラン群生地からバスの便もある。

**中藤山《なかっとうやま》**（中《なか》ッ頭山《とうやま》・節三郎岳《せつさぶろうだけ》）へも明るい尾根道である。次の不《あ》逢山《わずやま》へは露岩を越えるところもある。相変わらずところどころで富士山側の展望が開けるが、それも気持ちのよい小広い草原の**大石峠**で最後だ。

大石へは南へ下る。古い峠道らしく、一定の傾斜で下りやすい。舗装された小道に出たら、わずかに下ると大淵谷沿いの林道に出る。やがて左に若彦トンネルへの道が並行し、**大石峠入口バス停**が見えてくる。

黒岳展望台からの雲海の富士

## CHECK POINT

国道から天下茶屋のある新御坂峠へ通じる車道に入ってすぐに、旧御坂峠への峠道が分かれる

旧御坂峠付近には戦国時代に城があったという。注意して見ると人工的な地形が確認できるだろう

一等三角点のある黒岳山頂からは展望はないが、南に少し行くと富士山の大展望が楽しめる

黒岳から美しい樹林帯を下るとすずらん峠に着く。芦川側の麓にすずらん畑があるためこの名前がある

新道峠にはFUJIYAMAツインテラスが新設された。北に徒歩5分の車道終点まで笛吹市営バスの便がある

大石峠は明るい草原で、のんびり休みたくなるところだ。富士が大きく眺められるのもここが最後である

大石峠からは、古い峠道らしく、うまく傾斜を抜いた歩きやすい道で、足まかせに下れるだろう

コンクリート舗装の道に出て、急に下ると大淵谷沿いの林道と合流する。あとわずかでバス停である

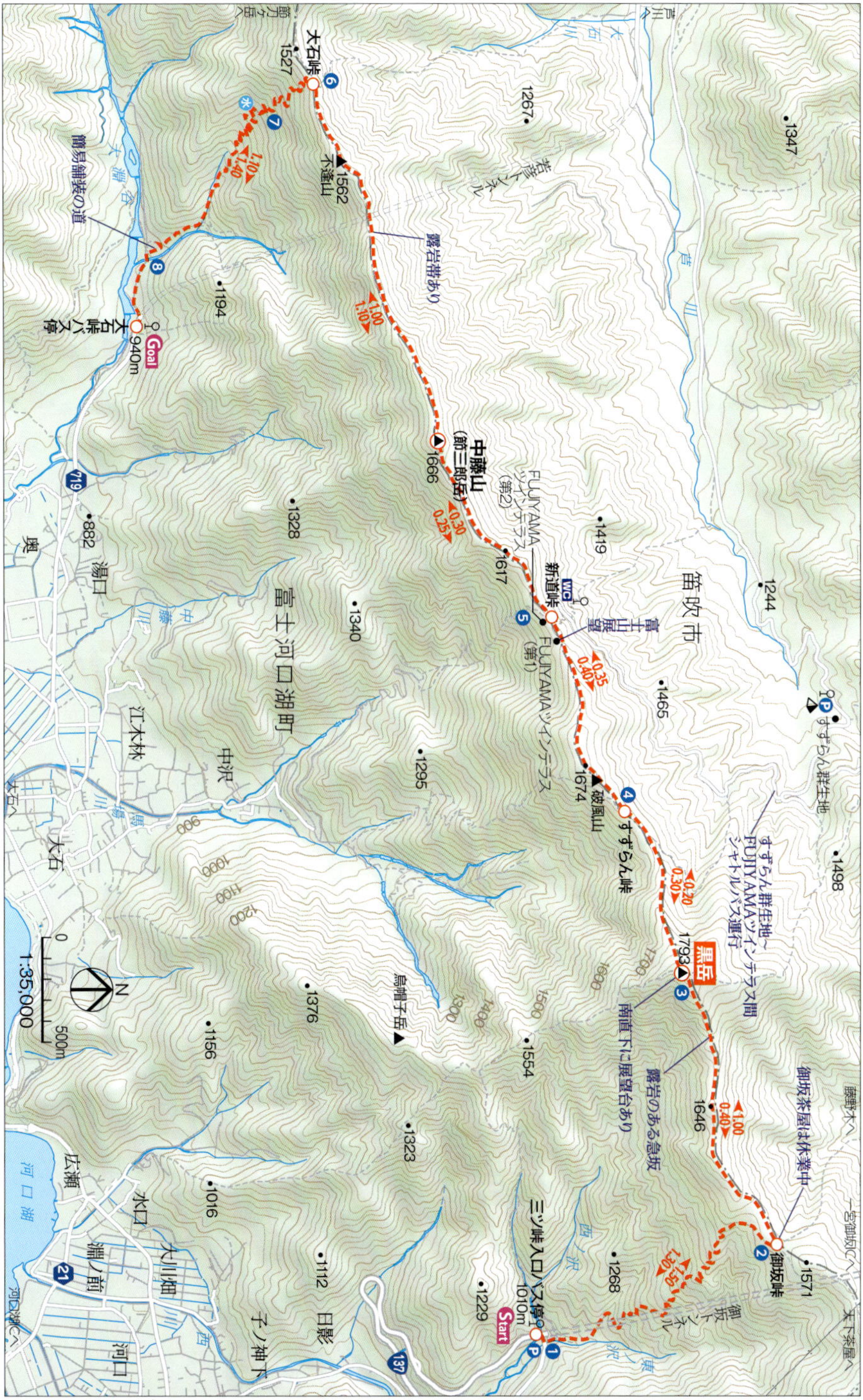
大石峠
1527
節刀ケ岳へ
1267
若彦トンネル
芦川へ
1347
不逢山
1562
露岩帯あり
簡易舗装の道
大石峠バス停
940m
Goal
1194
中藤山(節三郎岳)
1666
FUJIYAMAツインテラス(第2)
1419
笛吹市
1244
新道峠
富士山展望
FUJIYAMAツインテラス(第1)
1617
1328
882
湯口
奥
富士河口湖町
1340
1465
すずらん群生地
1674
破風山
すずらん峠
1295
中沢
江木林
大石
大石へ
すずらん群生地〜FUJIYAMAツインテラス間シャトルバス運行
1498
黒岳
1793
南直下に展望台あり
露岩のある急坂
1646
御坂茶屋は休業中
藤野木へ
一宮御坂ICへ
1571
御坂峠
御坂トンネル
1268
三ツ峠入口バス停
1010m
Start
1229
烏帽子岳
1554
1376
1323
1156
1016
1112
日影
子ノ神下
河口
大川畑
淵ノ前
水口
広瀬
河口湖
河口湖ICへ
天下茶屋へ
1:35,000
500m

06

# 節刀ヶ岳・十二ヶ岳

御坂山地随一の鋭鋒２つを結んで縦走する

せっとうがたけ 1736m
じゅうにがたけ 1683m

日帰り

歩行時間＝6時間10分
歩行距離＝10.0km

技術度
体力度

コース定数＝25

標高差＝796m

累積標高差 1070m 1035m

河口湖畔から見た十二ヶ岳（左）毛無山（中）節刀ヶ岳（右）

河口湖《かわぐち》の東岸からは、御坂《みさか》山地を代表する鋭鋒の節刀ヶ岳と十二ヶ岳が、これもなかなかきれいな三角形を見せる毛無山《けなしやま》を真ん中に並び立つ。これらの山々をつなぐこのコースには古い峠道あり、おだやかな尾根道あり、そして御坂随一の険しい稜線ありと、実に変化に富んでいる。

**大石《おおいし》峠バス停**で降り、すぐ左下に並行する林道に移動する。林道を右にわずかに歩くと**大石峠への入口**がある。コンクリート舗装の急坂を登り、舗装の途切れたところから右手の沢に沿う峠道へと入る。

古くからの峠道だけに歩きやすい。水場をすぎるとひと登りで明るい草原の**大石峠**へ着く。峠から西へといくつかのコブを越えたり巻いたりしながら高度を上げ、節刀ヶ岳の分岐に着く。ここから北西にわずかに離れたところが三角点の置かれた**節刀ヶ岳**頂上で、北側以外は好展望が楽しめる。

分岐に戻って南へ進み、**金山《かなやま》**で御坂主稜と別れて十二ヶ岳への尾根に入る。左手は奥《おく》川の緩やかな源流部、右手は西湖へと急激に落ちこむ絶壁である。最初穏やかだった尾根道は十二ヶ岳のひとつ手前の峰の下りから険しくなる。これを下りきってロープを頼りに登り返せば**十二ヶ岳**の頂上だ。西湖《さい》が真下に見え、足和田山《あしわだやま》の上には富士山が頭を出している。

頂上からわずかで西湖の桑留尾《くわるび》浜《はま》への道を分け、キレットへの下りとなる。クサリやロープを頼りに下るが、小石まじりの地面はともすれば石車に乗ってスリップしやすい。下りきった鞍部には金属製の吊橋がかけられている。橋を渡ってロープを頼りに急登したところが十一《じゅういち》ヶ岳《たけ》である。再び急に下り、次の十《じゅう》ヶ岳《たけ》を下りきるとほぼ難所は終わる。毛無山との間の突起にはこれまでと同様、数字を冠した名前がつけられている。

最後のピークである**毛無山**で眺望を楽しんだら南へ下る。よく踏まれた道は途中で二手に分かれ

る。左は長浜《ながはま》へ、右は河口湖と西湖を結ぶ文化洞《ぶんかどう》トンネルへ向かう。私は眼下に光る西湖、徐々に足和田山に隠されていく夕暮れの

十二ヶ岳からの富士。前景は足和田山と西湖

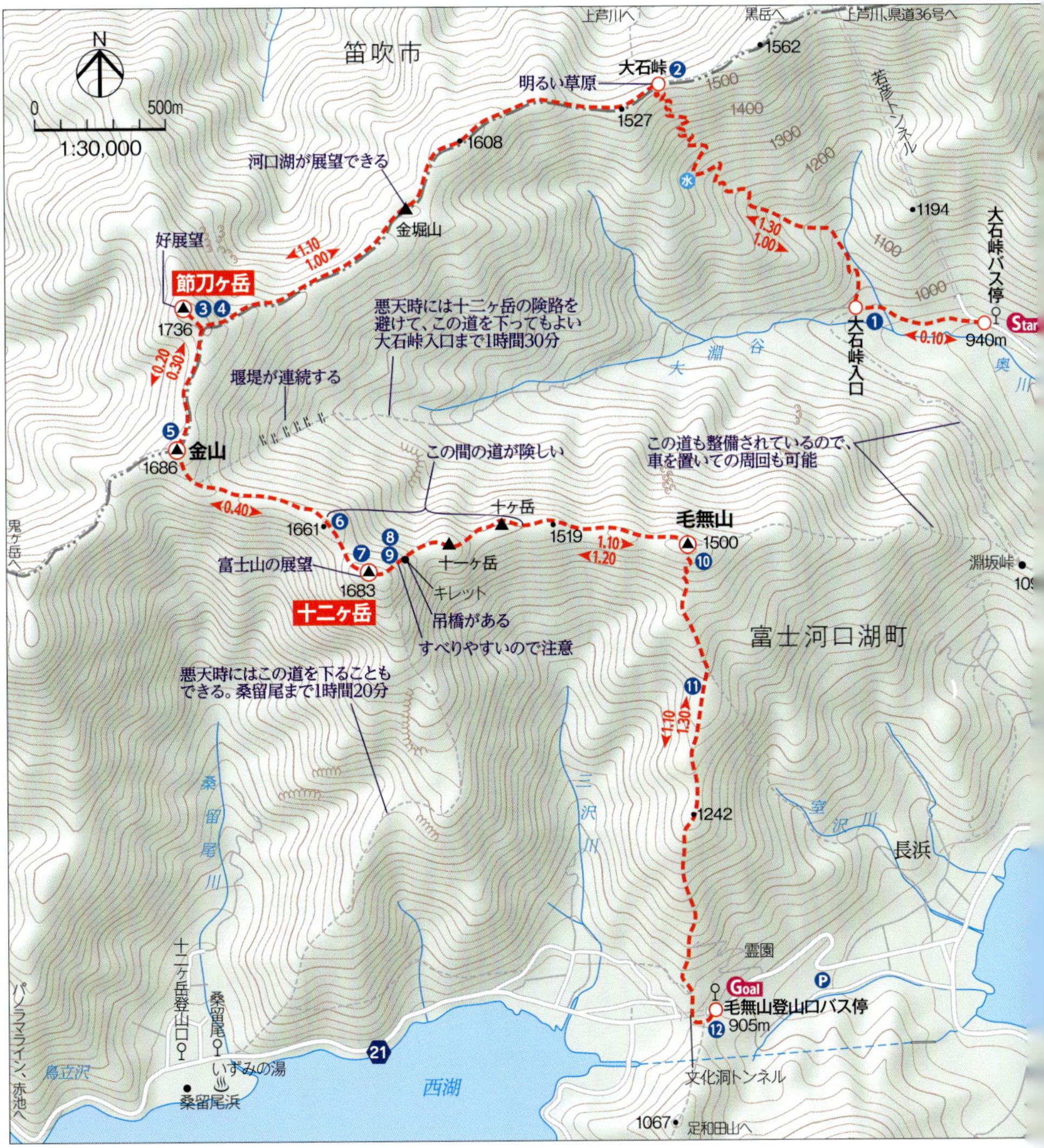

富士山を眺めながら下る文化洞トンネルへの尾根道が好きだ。トンネル東側入口に下り立てば**毛無山登山口バス停**がある。

金堀山付近からの河口湖。手前の浜が大石集落

## CHECK POINT

1 若彦トンネル入口を右に見て、わずかに林道を奥に入ると、大石峠入口である

2 大石峠に出ると富士山が全容を見せる。明るい草地は休憩にぴったりだ

3 節刀ヶ岳直下の登り。頂上は御坂主稜から離れているので分岐から往復する

4 「山梨百名山」の標柱のある節刀ヶ岳頂上。南側富士山方面に展望が開ける

5 金山は御坂主稜から十二ヶ岳への支稜が派生するジャンクションである

6 十二ヶ岳の直前から、突然、今までにないような険しい道になる

7 たどり着いた十二ヶ岳の頂上は広くはない。富士山方面にのみ展望がある

8 キレットへの下りは、このコースで最も長くて急だ。落石には注意

9 キレットにかかる橋の前後の足場が悪い。橋は濡れているとすべりやすい

10 毛無山まで来ればもう安心である。富士を眺めながらのんびりできる頂上だ

11 長浜に下るよりは文化洞トンネルへ下った方が道の雰囲気はいい

12 毛無山・十二ヶ岳登山口は文化洞トンネルに向かって左側にある

**■鉄道・バス**
往路＝河口湖駅から富士急行バス38分で大石峠バス停下車。
復路＝毛無山登山口バス停から富士急行バス24分で河口湖駅へ。

**■マイカー**
河口湖畔の船津浜駐車場に車を停めてバスを利用すれば縦走することができる。

**■登山適期**
新緑の5～6月にかけてと、紅葉の10月後半～11月前半がよい。行程が長いので、秋は早出を心がけたい。

**■アドバイス**
▽河口湖駅を起点に20～40分ごとに運行されている西湖周遊レトロバスを利用すれば下山時に便利。
▽十二ヶ岳から直接西湖畔に下る道は上部がすこぶる急だが、エスケープルートとして有効である。湖畔にある桑留尾バス停か十二ヶ岳登山口バス停から河口湖駅に戻れる。
▽十二ヶ岳登山口バス停近くに富士西湖温泉いずみの湯（☎０５５５・82・２６４１）がある。

**■問合せ先**
富士河口湖町役場☎０５５５・72・１１１１、富士急バス本社営業所☎０５５５・72・６８７７

**■2万5000分ノ1地形図**
河口湖西部

# 07 鬼ヶ岳・王岳

奥御坂の雄峰二山を結んで縦走する

日帰り

歩行時間＝6時間30分
歩行距離＝9・8㎞

おにがたけ 1738m
おうだけ 1623m

技術度 2/5
体力度 2/5

コース定数＝27
標高差＝830m
累積標高差 ↗1173m ↘1173m

↑鬼ヶ岳から王岳への稜線。遠景は南アルプス

←十二ヶ岳手前から見る鬼ヶ岳の全容。左が雪頭ヶ岳、右が鬼ヶ岳。何やら2本の角を生やした鬼の顔のようにも見える

全般に穏やかな御坂《みさか》山地でも、西湖《さいこ》に面した稜線はなかなか険しい。東から十二《じゅうに》ヶ岳《たけ》、鬼ヶ岳、そして王岳と連なる稜線である。ここでは西側の二山、鬼ヶ岳と王岳を結んで歩いてみよう。麓の根場《ねんば》を基点に周回できるので、マイカー登山にも最適である。

**魚眠荘《ぎょみんそう》前バス停**から、魚眠荘の脇を入っていく車道を歩き、東入川を渡ったところで川に沿う道に右折する。行く手に雪頭《せっとう》ヶ岳《たけ》が大きく立ちはだかっている。道は大堰堤の左手をからんでのび、まだ新しい堰堤に突き当たる。これは右手から越えて沢沿いのヒノキ林の暗い山道に入る。

ヒノキからカラマツの植林に変わるころ、山腹をトラバース気味に斜上して、雪頭ヶ岳から南西に

**■鉄道・バス**
往路＝富士急行河口湖駅から富士急行の西湖周遊バスで根場民宿へ。起点の魚眠荘前バス停へは徒歩2分。
復路＝魚眠荘前バス停から西湖周遊バスで河口湖駅へ。

**■マイカー**
西湖いやしの里根場の駐車場を利用する。中央自動車道河口湖ICから約14㌔。

**■登山適期**
新緑の5～6月、紅葉の10～11月が特におすすめ。

**■アドバイス**
▽富士急行の西湖周遊バスは9～16時の間、1時間ごとに出発していて、利用価値は高い。
▽登山口の根場にある西湖いやしの里根場は、昭和41年の山津波で全滅に近い被害を受けた根場集落の昔ながらの家並みを復元したもの。ここから鍵掛峠へ登って鬼ヶ岳と王岳を個々に登るのもいいと思う。
▽西湖北岸を車で5分ほど行ったところに日帰り温泉施設のいずみの湯（☎0555・82・2641）がある。

**■問合せ先**
富士河口湖町役場☎0555・72・1111、富士急バス本社営業所☎0555・72・6877

**■2万5000分ノ1地形図**
河口湖西部・鳴沢

のびる尾根に移る。この先、急登の連続だが、ブナをはじめ美しい樹林に慰められる。

突然のように**雪頭ヶ岳**の草原が開ける。初夏から秋にかけて季節の花々が多い。大休止をするなら鬼ヶ岳よりここの方がくつろげるだろう。目の前いっぱいに富士山が見える。ここから鬼ヶ岳まで、距離は短いが険しい。いったんギ

西側のヨコ沢ノ頭付近から見る王岳

ャップに下り、登り返す。ハシゴを使う部分もある。鬼の角のような岩が一本突き立っている狭い**鬼ヶ岳**頂上からは、甲府盆地をめぐる山々も一望のもとである。

鬼ヶ岳からは鍵掛《かぎかけ》峠へと西に下る。岩がちのやせ尾根で、少々険しい部分もあるが、迷うような心配はない。クランク状になった**鍵掛峠**は、根場への分岐を見てから少し歩いたところで鷺宿への踏跡を分ける。以後、尾根道は登り下りを繰り返すが、いずれもたいしたことはない。やがてたどり着いた頂稜の西はずれに**王岳**の三角点がある。あたりは小広く切り開かれ、むろん富士山はよく見える。

根場に戻るには、わずかに精進《しょうじ》湖《こ》側へ下ったところから王岳南稜に入る。尾根道を一直線に下って、いったん平坦になった地点で尾根から離れる。山腹を下る道はやがて林道に出る。荒れた林道をひたすら下ると根場の里道に出るが、そのまま直進すると、左に根場いやしの里を見て出発点の**魚眠荘前バス停**に戻る。

## CHECK POINT

1

東入川沿いの道を鬼ヶ岳へ向かう。正面に見えているのは雪頭ヶ岳である

2

林道は３基目の堰堤で終わり、沢の向こう側の階段から登山道がはじまる

3

雪頭ヶ岳の頂上はカヤトの原で、鬼ヶ岳本峰より富士の展望はよい

4

雪頭ヶ岳から鬼ヶ岳の間が、短い距離だがこのコースでは最も険しい

5

鬼ヶ岳からの富士山は、その前景に雪頭ヶ岳が入ってしまう

6

頂上に鬼の角のような岩が突き出ているのが鬼ヶ岳の名の由来であろう

7

露岩帯もある稜線を下って鍵掛峠へ着く。悪天の場合はここから根場へ下る

8

王岳へは小突起をいくつも越えていく。ブナの大木も多い稜線である

9

横に長い王岳山頂は富士山側が切り開かれているが、他方向の展望はない

10

山頂から主稜線を西へわずかに下ったところから南稜への道が分かれる

11

南稜を離れ、根場方向に向かって急降下すると堰堤工事用の林道に出る

12

林道は、根場いやしの里の登山者用駐車場の前に出るのでマイカーには好都合

パノラマ台からは文字通り広大な展望が楽しめるが、ここではやはり富士山が主役だ

08

歴史ある峠道と大展望を楽しむ周遊コース

# 三方分山

日帰り

さんぼうぶんざん
1422m

歩行時間＝4時間20分
歩行距離＝7.0km

技術度
体力度

| | |
|---|---|
| コース定数 | ＝19 |
| 標高差 | ＝512m |
| 累積標高差 | 登り 855m / 下り 850m |

　文字通り、旧三村境の山で、世によくある「三国山《みくにやま》」の一種である。地形図を見ると頂上から三方へ派生した尾根が実にきれいに頂上を三等分している。精進湖《しょうじこ》北岸駐車場を基点に三方分山とパノラマ台を結んで周回できるので、マイカー登山に最適といえる。

　また、このコースからの富士山は、大室山《おおむろやま》を前に抱いた、いわゆる子抱き富士である。富士山が大室山を左手で抱いたり右手で抱いたり、両手に抱きしめたり、角度と光線で様子が変わるのを楽しもう。

　バスを利用するなら**精進バス停**で下車。マイカーの場合は精進湖北岸の無料駐車場に停め、まず精進集落へと湖畔道路を歩く。精進集落はかつて駿河と甲府を最短で結んだ中道《なかみち》往還の宿場町で、今でも古い家並みが見られる。途中にある精進の大杉は一見の価値がある。

　人家がなくなると、沢を渡り返しながら上流へ登っていく。かつての峠道の面影を残す、なかば崩れた石組みが随所に見られる。たどり着いた**女坂《おんなさか》峠**には数体の石仏が人待ち顔だ、といいたいところだが、残念ながら首がない。

　左の尾根道に入る。ブナやミズナラが多い気持ちのよい広葉樹の林に歩きやすく道がつけられている。**三方分山**頂上は富士山方向のみ切り開かれているが、湖水が隠れてさほどよい富士山とは思えない。これから歩く尾根道から開ける眺めの方が数段すばらしい。

　三角点のある精進山まではプロムナード。ここから急に下って**精進峠**となる。湖畔へは簡単に出られるが三ツ《み》沢《ざわ》へは廃道である。

　アセビの多い尾根道を上下して根子《ねこ》峠で湖畔からの道を合わせる。パノラマ台へはここから往復する。**パノラマ台**はその名に恥じ

**■鉄道・バス**
往路＝富士急河口湖駅から富士急行バスで約35分の精進バス停下車。復路＝パノラマ台下バス停から富士急行バスで約36分、河口湖駅へ。

**■マイカー**
精進湖畔の県営駐車場が利用できる。中央自動車道河口湖ICから約18キロ。

**■登山適期**
四季を通じて歩けるが、特に新緑のころがおすすめ。5月中～下旬の富士山と御坂の山のさわやかさはなんともいえない。

**■アドバイス**
▽バスを利用する場合、精進集落の入口にある精進バス停からパノラマ台まではこのコースで歩き、精進湖に戻らずに烏帽子岳を経て本栖湖に下ってバスに乗るのも変化に富んでいて面白いと思う。
▽西湖北岸を車で5分ほど行ったところに日帰り温泉施設いずみの湯（☎0555・82・2641）がある。

**■問合せ先**
富士河口湖町役場☎0555・72・1111、富士急静岡バス鷹岡営業所☎0545・71・2495、富士急山梨バス本社営業所☎0555・72・6877

**■2万5000分ノ1地形図**
精進・市川大門

ない大展望。富士山の夕景が素敵な場所でもある。下山は根子峠から整備の行き届いた道を湖畔へ下るだけだから、ゆっくりしていくとよい。ただし懐中電灯の用意はお忘れなく。

## CHECK POINT

1 精進集落に入ると、神社の脇に精進の大杉がある。周囲13メートル、樹高40メートル、国指定の天然記念物

2 女坂峠までの途中にも、また峠にも何体かの石仏があって、かつての中道往還の往来を偲ばせる

3 ミズナラなどの美しい広葉樹に覆われた稜線を登って三方分山にたどり着く。富士山側のみが開けている

4 三方分山から三角点のある精進山まではプロムナードで、その後は精進峠までいっきの下りとなる

5 根子峠は、道は精進湖側にあるだけだが、これは精進峠も同じで、三ッ沢への道は消えてしまっている

6 パノラマ台からの三方分山はりっぱな山容で、この山に奥秩父の金峰山あたりは隠されているのである

7 精進湖畔や本栖湖畔から気軽に登ってこられるパノラマ台は、いつも多くのハイカーでにぎわっている

8 根子峠から精進湖畔への道は、遊歩道のように整備されている。新緑・紅葉の美しさが格別な道である

春日沢ノ頭からの白峰三山

09

稲山ケヤキの森公園を基点に、樹林を楽しむ周遊コース

# 春日沢ノ頭

かすがさわのあたま
1235m

日帰り

歩行時間＝3時間55分
歩行距離＝6・5km

技術度

体力度

コース定数＝16

標高差＝655m

累積標高差 675m 675m

御坂《みさか》山地の最高峰・黒岳《くろだけ》から北に派生する尾根は、やがて御坂主稜と平行にのびる長い山稜となる。東端にある釈迦《しゃか》ヶ岳《たけ》以外は人の訪れはごく少ない山域である。この稜線で屈指の高さを持つ春日沢ノ頭へは、北麓の稲山《いなやま》ケヤキの森からルートが整備されているが、利用者は少ないようだ。稲山ケヤキの森は、自生のケヤキの森を生かして整備された公園で、この森をはさんで東西の尾根に春日沢ノ頭へのルートがある。すなわち周遊コースがとれるわけで、マイカー登山には好適である。ここでは西尾根を登って東尾根を下ることにする。

**ケヤキの森の駐車場**から、左手にケヤキの大木群を見ながら舗装路を登る。ヘアピンカーブを2度曲がると右手に**登山口**の道標がある。浅い沢状の地形に

上：稲山からの八ヶ岳
下：稲山ケヤキの森は、四ツ沢流域に自生していたケヤキ林を県が公園化したもの

**■鉄道・バス**
往路・復路＝公共交通機関の利用は難しく、マイカーもしくは甲府駅からタクシーを利用する。

**■マイカー**
登山口の駐車場へは中央自動車道笛吹八代スマートICから約6㌔。

**■登山適期**
真夏を除く三季。ケヤキの森を含めた樹林を楽しむなら5月から6月、10月半ばから11月にかけてだろう。

**■アドバイス**
▽近年の台風災害で、稲山から東尾根で道が不鮮明になっている。初心者だけでの入山は避けた方がよい。
▽ケヤキの森には駐車場が整備され、りっぱなトイレもある。
▽ケヤキの森への道がわかりにくい。マイカーで入るには、中央自動車道笛吹八代スマートICで降りて八代ふるさと公園を目標にすればよい。
▽「山梨百名山」に選ばれている春日山へは、西の鞍部（小峠）にいったん下って登り返す。ヒノキ林にポツンと百名山の標識が立っているだけの、わざわざ行ってみるまでもないところだが、近いのでコレクションしている人は往復するとよい。

**■問合せ先**
笛吹市役所☎055・262・4111

**■2万5000分ノ1地形図**
河口湖西部・石和

道が続き、やがて西尾根に乗る。美しい雑木林の尾根をひたすら登ると傾斜が緩んで、そこが**稲山**の広い平坦地である。東西の尾根が馬蹄形の頂点で合わさるところで、山とはいっても頂上を指すわけではないので、標識がないとそれとはわからない。甲府盆地側が伐採してあって、今のところまずまず展望がきく。

ここから春日沢ノ頭までは広い尾根の往復となる。より高いところを歩いていけば間違いないが、踏跡はやや薄い。たどり着いた**春日沢ノ頭**はわりと広い。甲府盆地側が伐採してあり、白峰《しらね》三山や八《やつ》ヶ岳《たけ》が眺められる。

**稲山**からは東尾根を下るが、最初は尾根が広いのでわかりにくい。概して歩きやすい傾斜の尾根で、登りにとった西尾根同様、樹林の雰囲気もよい。

道標で主尾根から離れ、傾斜の強い小尾根の下りとなる。次の道標でまた方向を変えると、まもなく堰堤の脇で**東尾根登山口**の車道に出る。道なりにしばらく下ってからケヤキの森への歩道に入り、公園内を横切って**駐車場**に戻る。

## CHECK POINT

1 駐車場から、左にケヤキの森を見ながら舗装路を登っていくとゲートがある。その先の右側に道標がある

2 西尾根入口からしばらく浅い沢状の地形に道は続き、やがて傾斜が強まって稜線に出る

3 西尾根はほぼ登り一方で高度を上げていく。やがて傾斜が緩むと、東尾根との合流点、稲山に着く

4 稲山からは広くなった尾根をたどって春日沢ノ頭に着く。甲府盆地側が切り開かれた明るい山頂である

5 稲山から東尾根を下るが、西尾根のように単純な道筋ではないので、道標や目印をよく確認すること

10

# 竜ヶ岳

## 世にも美しい樹林の峠道から大展望の頂上へ

日帰り

りゅうがたけ
1485m

歩行時間＝3時間40分
歩行距離＝6・4km

技術度

体力度

コース定数＝15

標高差＝580m

累積標高差 640m 640m

下山途中からの富士

遠足の中学生でにぎわう竜ヶ岳山頂

竜ヶ岳が富士山を間近に眺められる山として一躍人気の山の仲間入りを果たしたのは、西暦2000年がちょうど辰年だというので、それに合わせて本栖湖《もとすこ》で最もにぎやかな南東の岸からの道が整備されたからである。

その後、頂上南西の端足峠《はした》からのルートも整備された。竜ヶ岳は冒頭に書いた道で往復されることが多いが、それは下りに使うことにして、登りは端足峠経由にした方が断然雰囲気がよい。

広い入江にある駐車場から湖岸道路を少し東方向へ進むと**端足峠の登山口**がある。平坦な林を歩き、右からキャンプ場からの道を合わすとまもなく尾根に取り付く。広葉樹の大木の多い森といい、歩きやすい傾斜の柔らかい道といい、何ともすばらしい。うっとりとして、ほとんど疲れを感じることもないまま**端足峠**に着くと、富士山が目の前にどんと現れる。

竜ヶ岳へはササ原にジグザグに

■**鉄道・バス**
往路・復路＝本栖湖バス停が最寄りバス停になる。河口湖駅から富士急行バスで約47分。

■**マイカー**
本栖湖キャンプ場入口脇に登山者用の無料駐車場がある。中央自動車道河口湖ICから約21キロの距離。

■**アドバイス**
▽圧倒的に本栖湖駐車場から往復する人が多いので、静かな山歩きを楽しむなら広瀬からの往復でもいいと思う。また、広瀬に車を置いてある場合、帰りは頂上東から湖畔に下って湖畔道路を歩いて戻ってもよい。端足峠の道同様に樹林が美しい道である。冬は凍結しやすいのでアイゼンは必要。静岡県側になるが、山の南麓に東海自然歩道が通じているので、それを利用するなら、車道をほとんど歩かずに周遊コースがとれる。ただし樹林の雰囲気は山梨県側に分がある。

■**問合せ先**
富士河口湖町役場☎0555・72・1111、富士急山梨バス本社営業所☎0555・72・6877

■**2万5000分ノ1地形図**
精進湖

切られた道を登っていく。ササ原だけに展望はいい。背後には雨《あま》ヶ岳《たけ》が大きく、登るにつれ南アルプスや八《やつ》ヶ岳《たけ》や奥秩父《おくちちぶ》の展望も開けてくる。たどり着いた**竜ヶ岳**の頂上は野球ができそうなくらいに広い。年末年始頃にはダイヤモンド富士が見られるので、特に正月はこの広い頂上が満員になるほどの人出があるという。

下りは東へ向かう。正面に圧倒的な大きさの富士山はむろんすばらしいが、その麓を埋め尽くす青《あお》木《き》ヶ原《はら》樹海が印象的である。人工物がほとんど見えないのもおもしろい。

北へ向かう下山道を分けると山腹をジグザグに下る。いったん平坦になった場所にはお堂に入った**石仏**とあずまやがある。富士の大観をほしいままにできるのもこのあたりまでである。樹林帯に入った尾根道は最初平坦だが、やがて北に向きを変えると急になって、**本栖湖畔**へとたどり着く。

## CHECK POINT

1 広瀬駐車場からも直接行けるが、ややわかりにくいので、湖畔道路から入った方がいい

2 広瀬から湖畔道路を東へわずかに行ったところにある端足峠入口の道標から森へと入る（本栖湖バス停から徒歩約1時間20分）

3 歩きやすい峠道を樹林を楽しみながら登ると、端足峠ではじめて富士山の大観に迎えられる

4 峠からは明るいササ原の道となる。こちらの高さが上がるにつれ、展望がどんどんと開けていく

5 富士山ばかりに目を奪われがちだが、頂上からは南アルプスや八ヶ岳の展望もすばらしい

6 頂上から東へ、ササ原の道を御坂山地に向かって下る。眼下はすべて広大な青木ヶ原樹海である

7 ササ原をジグザグに鞍部まで下ると、社の中に石仏が祀られ、そのすぐそばにはあずまやがある

8 本栖湖南東側登山口から湖畔の駐車場までは20分ほどの車道歩きとなる。バス停へはさらに国道まで歩く

11

笹子川右岸の最高峰を越えて縦走する

# 本社ヶ丸

ほんしゃがまる
1631m

日帰り

歩行時間＝7時間10分
歩行距離＝13.5km

技術度

体力度

コース定数＝31

標高差＝1025m

累積標高差 1320m 1320m

本社ヶ丸は笹子《ささご》川右岸の山の最高峰だ。出発点のJR中央本線笹《ささ》子《ご》駅から1000㍍を超える標高差はかなりハードだが、それが報われるような富士山の展望や気分のよい自然林の森がある。駅を基点に周遊できるのもありがたい。

本社ヶ丸からの御巣鷹山（三ツ峠山）と富士山

**笹子駅**を降りたら、西へと国道を歩く。追分《おいわけ》の集落に入ると道標があり、国道と別れて左の車道へ進む。すぐ右の道に入って笹子変電所への車道に合流するが、稲村《いなむら》神社の先からも合流できる（2024年現在通行止め）。車道歩きが変電所まで続くが、幸い車通りは少ない。

植林地からは大菩薩の山が眺められる

**笹子変電所**をすぎ、川を渡って林道をしばらく歩き、広いヒノキの植林地に入っていく。まだ幼木なので展望がいい。笹《ささ》子《ご》雁《がん》ヶ腹摺《はらすり》山《やま》からお坊山《ぼうやま》にかけての鋸刃のような連なりが印象的である。

植林地からカラマツ林の尾根に入ると昔ながらの峠道で、うまく尾根をからんで登っていく。途中に1ヶ所ベンチがあって、そこで峠まで残すところ三分の一といったところだ。

**清八《せいはち》峠**から左に稜線を少し登れば造り岩とよばれる階段状の岩場に出て、富士山側の眺めがいっきに広がる。頂上よりは、展望はこの方がすぐれる。**本社ヶ丸**頂上からも富士山の眺めはよい。

頂上から東へ稜線を緩く下る。最初、南側はカラマツの植林だが、いつしかブナの多い、気分のよい

■鉄道・バス
往路・復路＝JR中央本線笹子駅が起終点となる。笹子駅からは富士急バス（追分バス停下車）もある

■マイカー
変電所をすぎたすぐ先に10台程度が停められる駐車スペースがある。

■登山適期
5～6月、10～11月が美しい。葉の落ちた時季も味わいがあるが、雪への備えが必要。

■アドバイス
▽笹子変電所までの車道歩きはちっともおもしろくない。タクシーを使えばずっと楽になるが、笹子駅にはタクシーがないので、大月か勝沼からあらかじめよんでおく必要がある。余裕ができた分、宝越えからさらに鶴ヶ鳥屋山へと足をのばすのもよいだろう。往復約1時間50分。
▽笹子駅から国道を大月方面へ少し進んだところに笹一酒造酒遊館（☎0554・25・2008）がある。左党にはうれしい寄り道かもしれない。

■問合せ先
大月市役所☎0554・22・2111、富士急山梨ハイヤー大月営業所☎0120・154・229、勝沼観光タクシー☎0553・44・1432、甲州タクシー勝沼営業所☎0553・44・0003

■2万5000分ノ1地形図
河口湖東部・笹子

自然林になる。

やがて送電鉄塔下で宝の山ふれあいの里への**新道を分ける**。さらに東へと尾根道の上下を繰り返し、旧宝《たから》鉱山の索道跡のすぐ東にある**宝越《たからご》え**で主稜と別れ、左の山腹へ入る。

いつしか尾根道となり、林道を横切って送電鉄塔を通過する。ぐんぐん下って、あたりが杉林となると、下から沢音が増し、船橋《ふなばし》沢支流の**ヨシ沢に出る**。岸を変えながら沢沿いに下ると舗装路に出る。あとは道なりに下れば南側から**笹子駅**前へと戻る。

## CHECK POINT

笹子変電所から林道を歩くとやがて植林地の中を登るようになる。まだ幼木なので展望がきく

急登につぐ急登で清八峠へたどり着く。峠の向こう側に続いていた道は山抜けで通れなくなっている

清八峠のわずか東に造り岩とよばれる岩場がある。展望は本社ヶ丸よりむしろいいくらいである

造り岩から稜線の北側を上下して本社ヶ丸の頂上に着く。三ツ峠の稜線からのしあがる富士がみごとだ

送電鉄塔から一山越え、索道跡を見るとすぐに笹子駅への分岐に着く。ここで稜線歩きは終わる

車道を横切り、さらに下るとヨシ沢に出る。ここから車道に出るまでは少々踏跡が薄いので目印に注意

12

## 甲州街道の最難所、笹子峠付近の山々を歩く

# 笹子雁ヶ腹摺山・お坊山

ささごがんがはらすりやま　1358m
おぼうやま　1430m

日帰り

歩行時間＝6時間40分
歩行距離＝13・0㎞

技術度
体力度

コース定数＝29
標高差＝825m
累積標高差 ↗1230m ↘1215m

電波反射板近くまで登ると富士山が頭を出す

甲府盆地と八ヶ岳

　笹子雁ヶ腹摺山とお坊山は大菩《だいぼ》薩連嶺《さつれんれい》と御坂《みさか》山地をつなぐ稜線にある。なかなか急峻な山々で、笹子峠でこの稜線を越えるのは、何本ものトンネルが通じる前は、甲州街道の難所のひとつだった。

　**JR中央本線笹子駅**で下車し、すぐ下を走る国道20号を西に向かって歩く。交通量が多いのに歩道が狭く嫌なところだ。

　笹子トンネル手前で左へ旧道に入るとすぐ**新中橋バス停**があって、その横に登山口の道標がある。暗い植林地の沢筋をひと登りで送電鉄塔の下に出る。ここからはしっかりした尾根道となるが、なかなか傾斜がきつい。

　いったん平坦になるあたりまで登ると、大沢山の向こうに富士山が顔を出す。さらに急な登りをこなし、電波反射板が現れるとすぐに**笹子雁ヶ腹摺山**頂上である。これまでが谷合の風景だったので、はじめて目に入る甲府盆地が広く感じられる。南アルプスから八《やつ》ヶ岳《たけ》、奥秩父《おくちちぶ》の山並みがおおらかだ。

　ここからお坊山にかけては全山広葉樹に覆われ、新緑や紅葉が特にみごとである。米沢山《よねざわやま》までの稜線は大小のピークが連続し、数ヶ所のクサリ場も現れるが、いずれもそれに頼るほどではない。

　**米沢山**からはこれまでに比べると穏やかな道となり、東へ突起を2つ越すと**お坊山**の頂上である。甲府盆地側の展望がきく。

**■鉄道・バス**
往路＝JR中央本線笹子駅が起点。笹子駅から富士急バス4分で新中橋バス停下車。
復路＝JR中央本線甲斐大和駅から帰途につく。

**■マイカー**
起点の笹子駅周辺には利用できる駐車場はない。甲斐大和駅から徒歩40分の景徳院に市営の駐車場があり、逆コースなら車を利用できる。

**■登山適期**
早春から新緑のころ、また初秋から晩秋までがいちばんだろう。

**■アドバイス**
▽大月駅発新田行きの富士急バスで、新中橋バス停に下車してもよい。このバスは本社ヶ丸、滝子山にも利用できる。
▽景徳院から甲斐大和駅への栄和交通のバスもある（運行日注意）。歩くと40分ほど。
▽景徳院はこの地で滅亡した武田一族を弔うために徳川家康によって建てられた。
▽やまと天目山温泉（☎0553・48・2000）が日川の上流にある。

**■問合せ先**
大月市役所☎0554・22・2111、甲州市役所☎0553・32・2111、栄和交通☎0553・26・2344、富士急バス大月営業所☎0554・22・6600

頂上のすぐ東でお坊山東峰へ続く尾根道と分かれ、単調な道をいっきに下り、大鹿《おおしか》川への道を右に分ける**大鹿峠**へ着く。景徳院《けいとくいん》への下山路はその先の送電鉄塔の立つピークから尾根伝いに続いている。

鉄塔巡視路でもある尾根道は明るい広葉樹林で、急な箇所には樹脂製の階段がつけられている。やがて暗い林に入り、田野《たの》氷川《ひかわ》神社をすぎる。獣除けの柵を抜け、民家の庭先を通らせてもらって車道に出れば、**景徳院**はすぐである。あとは車道を**甲斐《かい》大《やま》和《と》駅**に向かう。

■2万5000分ノ1地形図
笹子

## CHECK POINT

国道から笹子峠への旧道にわずかに入ると新中橋バス停があって、すぐ横に笹子雁ヶ腹摺山の道標がある

まず薄暗い植林地の下の浅い沢沿いの道を登る。送電鉄塔の建つ地点からは明るい尾根道になる

急登をこなし、電波反射板が現れたら頂上まではすぐである。頂上からは甲府盆地方面の展望が開ける

お坊山へはいくつもの突起を上下しなければならない。途中の米沢山では短いクサリ場もある

お坊山西峰は甲府盆地側の展望があるが狭い。大人数でゆっくり休むなら、東峰まで足をのばすとよい

大鹿峠を越える峠道はクランク状になっており、田野への道はひとつ北側のピークから尾根通しに続く

# 13 御正体山

みしょうたいやま
1682m

## 道志山塊最高峰へ信仰の道をたどって

日帰り

歩行時間＝5時間50分
歩行距離＝9・9km

技術度
体力度

| | |
|---|---|
| コース定数 | ＝26 |
| 標高差 | ＝912m |
| 累積標高差 | 1230m / 1124m |

今倉山（赤岩）からみた御正体山と富士山

山伏峠への下りはじめはブナの多い美しい林

御正体山は道志《どうし》山塊の最高峰である。長い頂稜をもつ堂々たる山容は、かつて信仰の対象であった。主な登山道は5本あって、最も色濃く宗教登山の雰囲気を残しているのが、江戸時代に妙心上人が拓いた鹿留《ししどめ》川池《いけ》の平《たいら》からの登山道であろう。長く荒れ気味だったが、2004年の皇太子登山にあたって都留市によって整備された。

富士急行東桂《ひがしかつら》駅から登山口の池の平まで約8キロあるので、マイカーでもなければタクシーが現実的だろう。

**池ノ平**からしばらくは林道歩きで、林道終点からは沢を渡り返しながら**龍《たつ》の口《くち》**という場所に着く。ここまで路肩に新旧の石仏が多い。ここが最後の水場となる。

急な尾根伝いの道となり、背後に富士山が見えてくる。突然現れる平坦地がお堂跡で、ここで妙心上人は入定したという。あたりには古い石仏が多く、ちょっとゆっくりしたいところだ。

再び急に登り、次に平坦になるのは文台山《ぶんだいやま》方面へ尾根が分岐する地点である。傾斜の緩んだ尾根道にはブナの大木もあって気分よく登っていく。細野《ほその》からの登路を合わせるあたりが最も富士山の眺めがよい。その先、峰宮《みねみや》跡には「峰神宮」と名の刻まれた新しい石祠がある。

頂上へはブナやミズナラなどの広葉樹以外にも、ツガやモミなどの黒木も多くなり、実にしっとりとした深山の味わいである。抱付《だきつき》岩《いわ》の左をからんで少し下ると、あとは頂上まで緩やかに登っていく。

たどり着いた広い**御正体山**頂上には一等三角点や祠があるが、樹林に囲まれて展望はない。山伏《やまぶし》峠へ少し下ったあたりの森の雰囲気のよさはこの山の中でも格別だし、平坦なところもあるので、人出が

■鉄道・バス
往路＝富士急行線東桂駅からタクシー約20分で池の平。
復路＝山伏峠バス停から富士急行バスで富士山駅へ。
■マイカー
池の平付近に駐車スペースがあるので、マイカーならここに置いて往復

妙心上人お堂跡はひと休みしたくなる場所だ

多いようなら頂上よりゆっくりできるかもしれない。

急に下ったのち、前《まえ》ノ岳《だけ》、中《なか》ノ岳《だけ》と小さなピークを越え、眺めの開ける送電鉄塔の建つ地点をすぎたところが奥《おく》ノ岳《だけ》である。その先の**石割山《いしわりやま》分岐**から山伏峠へと急ですべりやすい道を下る。

峠からは、山中湖側に下ると私有地に出てしまうので、道志側へ下る。トンネルをくぐったところに**山伏峠バス停**がある。

する。山伏峠への途中から鹿留川に戻る方法もあるが、かなり山慣れた人向き。

■登山適期

真冬以外の三季がよいが、真夏は御正体山から道坂峠の尾根は草深くなるだろう。四季を通じて歩けるが、冬季は積雪量による。また冬季は池の平への林道は通行止めになるが、歩くつもりなら問題ない。

登山道には石仏が多い

■アドバイス

▽ここで紹介した道以外の3本の道もよく歩かれているから、それらを各々の都合で組み合わせればよい。この山がはじめてなら、まず細野の三輪神社から登って道坂トンネルへ下るのがオーソドックスだろう。

▽温泉は石割の湯、紅富士の湯など。

■問合せ先

都留市役所☎0554・43・1111、富士急バス本社営業所☎0555・72・6877、富士急山梨ハイヤー大月営業所☎0120・154・229

■2万5000分ノ1地形図

都留・御正体山

## CHECK POINT

1 鹿留川に沿った林道で池の平登山口に着く。付近には駐車スペースもある

2 林道終点まで車が入れなくもないが、落石が多く、かなり荒れている

3 沢沿いの山道を登ると龍の口に着く。最後の水場で、ここから尾根道になる

4 龍の口からがコース中最も急登。登るにつれ、背後に富士山が姿を現す

5 文台山への分岐で急登は終わり、美しい樹林帯を緩く登って細野分岐に着く

6 細野分岐付近は、この山の頂上一帯では唯一の富士山展望所である

7 御正体山頂上は展望はない。少し山伏峠方面へ下ると、しっとりした林がある

8 頂稜からいったん急に下ったのち、登り返してベンチの置かれた前ノ岳に着く

9 中ノ岳も、標識がなければ知らずに通過してしまうような平坦なピークだ

10 この稜線上で唯一眺めの開ける送電鉄塔の建つところからわずかに登ると奥ノ岳だ

11 奥ノ岳のすぐ先で山伏峠へと左折する。余力があれば石割山を目指してもいい

12 山伏峠までは歩きにくい急な道。峠からは北に下ってトンネルの道志側に出る

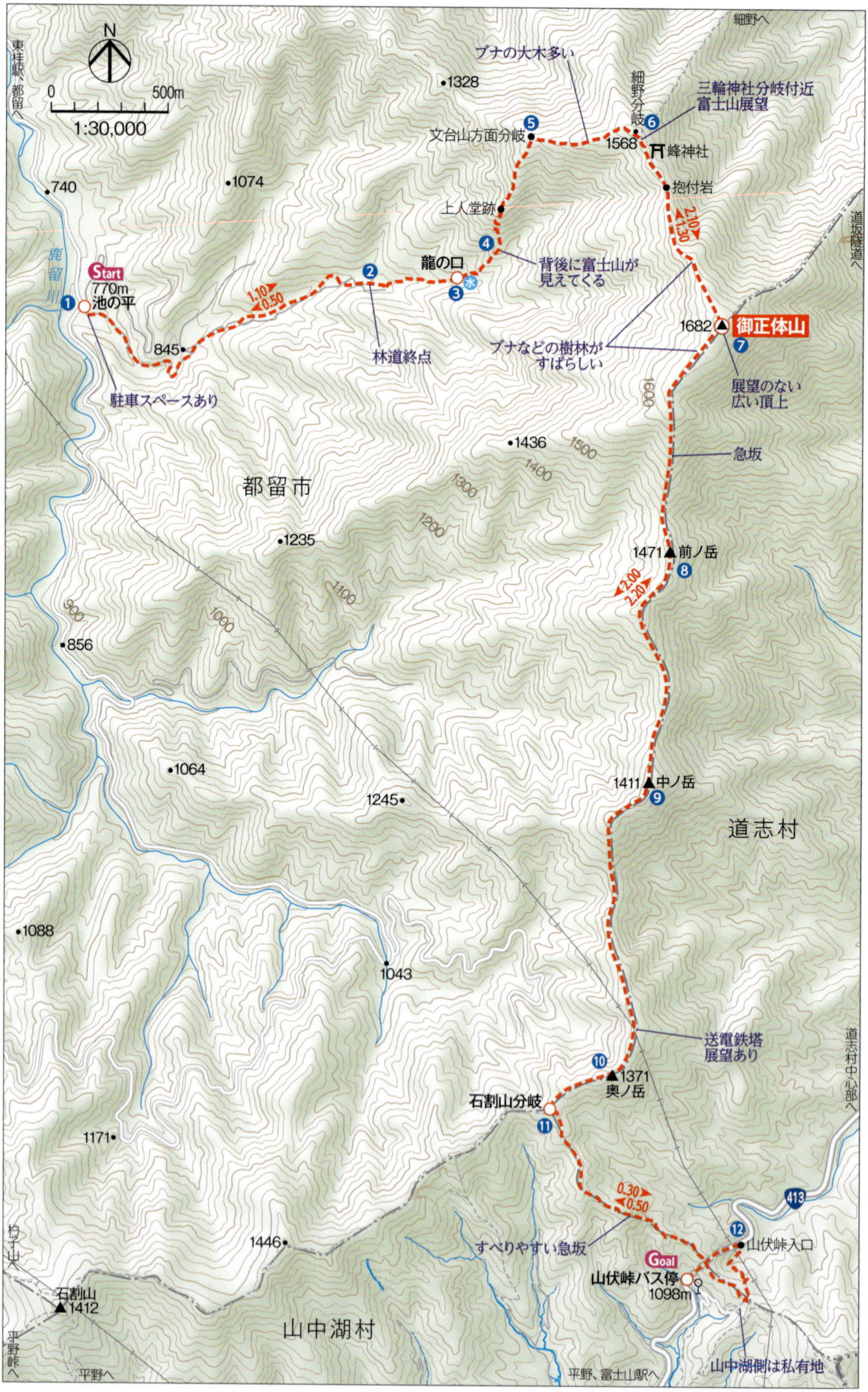

N
0
500m
1:30,000
東桂駅、都留へ
鹿留川
Start
770m
池の平
845
駐車スペースあり
1.10
0.50
林道終点
龍の口
水
背後に富士山が見えてくる
上人堂跡
文台山方面分岐
ブナの大木多い
1328
細野へ
細野分岐
三輪神社分岐付近 富士山展望
1568
峰神社
抱付岩
2.10
1.30
道坂隧道へ
ブナなどの樹林がすばらしい
1682
御正体山
展望のない広い頂上
急坂
1436
1074
740
都留市
1235
856
1471
前ノ岳
2.00
2.20
1064
1245
1411
中ノ岳
道志村
1088
1043
送電鉄塔展望あり
1371
奥ノ岳
石割山分岐
道志村中心部へ
1171
413
0.30
0.50
すべりやすい急坂
山伏峠入口
Goal
山伏峠バス停
1098m
1446
杓子山へ
石割山
1412
平野峠へ
平野へ
山中湖村
平野、富士山駅へ
山中湖側は私有地

# 14

道志山塊随一の赤岩からの展望。そして美しい尾根道

# 今倉山・二十六夜山

いまくらやま　1470m
にじゅうろくやさん　1297m

日帰り

歩行時間＝4時間20分
歩行距離＝8・0km

技術度
体力度

コース定数＝17
標高差＝460m
累積標高差　660m　1140m

九鬼山東稜線からの今倉山と二十六夜山

美しい尾根道をゆく

今倉山から二十六夜山の縦走途中に通過する赤岩《あかいわ》からの展望は、この山域随一である。樹林のよさも特筆に値する。

**道坂隧道《どうさか》バス停**が登山口で、広い駐車スペースがある。ひと登りで市村界尾根に出ると、葉の落ちた時季なら道志《どうし》川の谷を隔てて丹《たん》沢《ざわ》の山々が望める。北向きに今倉山へ向かう尾根は緩急を繰り返して高度を上げていく。たどり着いた**今倉山**東峰は三角点と「山梨百名山」の標柱がある。

西へいったん下り、灌木が密生した鞍部から再び登って今倉山西峰に着く。樹林のせいで展望はきかないが、すぐ先で富士山の展望が得られる。そこから右折してロープの張られた少し急な下りを終えた小広い鞍部の西ヶ原《にしはら》で、沢伝いに県道に下る道を分ける。やがてたどり着く2つめの突起の西側が**赤岩**で、いっきに眺めが開ける。越えてきた今倉山方面以外は、富士山はもちろんのこと、南アルプス、八《やつ》ヶ岳《たけ》、奥秩父《おくちちぶ》まで、さえぎるものがない。

赤岩から下った1410メートルの標高点あたりの平や、さらに続く尾根道はブナやミズナラの樹相がすばらしく、うっとりして歩いていると、そのまま続いていたであろう尾根を断ち切った林道に下り立つことになって、夢は打ち破られる。やはり幸せははかない。

林道を少し上がって再び山道に入れば、また美しい広葉樹の道である。まもなく二十六夜の石碑のある**二十六夜山**である。富士山が望めるのもここが最後、今日の別れを告げよう。

石碑のすぐ下で道は二手に分かれ、北にのびる尾根に入る。標高1100メートルぐらいで北東方向の尾根に入り、やがて尾根道と別れて山腹につけられた道をジグザグに下れば、植林地の暗い涸れ沢に下り立つ。もう里も近いのに随分山奥にいる感じのするところだ。

小さな水場や「かっちゃ石」と

■鉄道・バス
往路＝富士急線都留市駅から富士急バス30分で道坂隧道バス停下車。季節運行で土・日曜、祝日のみ。
復路＝西川バス停か芭蕉月待ちの湯から富士急バス33分で都留市駅へ。
■マイカー
道坂トンネル入口に10台程度の駐車スペースがある。中央自動車道都留

山名の由来となった二十六夜塔

ある大岩をすぎると、矢多沢左岸に沿って下るようになる。木橋で右岸に渡ってなおも沢沿いに下ると舗装路に突き当る。右に行き、次に突き当った道を左折して大通りに出たところに**西川バス停**がある。便は少ないから、先ほど左折したところを右に行けば都留市営の芭蕉月待ちの湯への近道なので、ひと風呂浴びながら「バス待ちの人」になってもよい。温泉の前にもバス停がある。

ICから約11・5㌔。

■**登山適期**

一般には新緑の5月と紅葉の10～11月がおすすめだが、冬枯れの木々の間を縫って歩くのも味わいがあるし、なんといっても冬は展望がいい。ただし雪への備えは当然必要。

■**アドバイス**

▽今倉山が「山梨百名山」に選定されたので、登山口に車を置いてピストンする人も多いだろうが、それだけではいかにももったいない。赤岩までは行くべきである。

▽二十六夜山は、江戸・明治期の陰暦7月26日の夜、ここで月待ちの行事があったことが山名の由来だという。田中澄江の『新・花の百名山』に紹介されているので、興味がある人は一読するとよいだろう。

▽芭蕉月待ちの湯（☎0554・46・1126）は都留市営の日帰り温泉施設。源泉湯、中温湯、高温湯、寝湯、露天風呂、サウナがある。

■**問合せ先**

都留市役所☎0554・43・1111、富士急バス大月営業所☎0554・22・6600、富士急山梨ハイヤー大月営業所☎0120・154・229

■**2万5000分ノ1地形図**

都留

## CHECK POINT

1 道坂隧道バス停が今倉山登山口で、4～7月と9～12月の土・休日の朝のみ都留市駅からバスの便がある

2 登山口から標高差500㍍近くをひたすら登り続けて、今倉山東峰に到着する

3 今倉山西峰も林に囲まれ展望はないが、西にわずかに進むと富士山が眺められる

4 赤岩手前の鞍部が沢コース分岐。今倉山だけなら、ここから登山口に戻れる

5 赤岩は道志山塊でも随一の展望所、方位盤もあるので山の同定を楽しもう

6 赤岩からの富士山は御正体山（左）と鹿留山（右）の間におさまっている

7 赤岩から二十六夜山の間は、このコースの中で最も樹林の美しいところである

8 二十六夜山まで続くはずの尾根を断ち切って林道が通じているのは残念である

9 石塔が建つ二十六夜山は南北の展望がある。富士山とはここでお別れである

10 尾根から山腹へと道は移り、やがて暗い植林地の沢に沿って下るようになる

11 やや広くなった沢を木橋で対岸に渡ると、舗装路まではもうまもなくである

12 最寄りのバス停は西川だが、月待ちの湯まで歩いてもたいして変わらない

N
0
500m
1:30,000
戸
沢
川
上戸沢
西川バス停
530m
Goal
バスの便が
少ないので注意
芭蕉
月待ちの湯
赤坂駅、都留市駅へ
586
舗装路
都ゴルフ
倶楽部
車道出合
矢
多
沢
700
植林地の道
800
900
1000
1100
1200
1300
1014
1.30
2.00
かっちゃ石
水
都留市
西
沢
東
沢
富士山の
展望がよい
二十六夜山
1297
林道を横切る
西側の道に
入らないよう
注意
二十六夜塔がある
1.00
1.20
1410
美しい
広葉樹林
赤岩
この付近で
随一の大展望
下る途中から
展望が開ける
1383
西ケ原
0.40
西峰
今倉山
東峰
1470
急登が続く
1310
1.10
0.50
国道413号、道志へ
都留市駅へ
970
Start
道坂隧道バス停
1010m
道坂トンネル
24
豆
砂
山
沢
菅
野
川
尾
巻
沢
道志村
御正体山へ

15

桂川右岸の人気の山をふたつ結んで歩く

# 高畑山・倉岳山

たかはたやま　982m
くらたけやま　990m

日帰り

歩行時間＝5時間5分
歩行距離＝11.5km

技術度

体力度

コース定数＝**24**

標高差＝675m

累積標高差　1060m　1136m

高畑山からの富士

扇山方面の展望がよい小篠貯水池

中央本線の下り列車が相模《さがみ》湖をすぎると、進行方向左手の車窓に見えてくるのが桂《かつら》川右岸の山々で、大月《おおつき》以東では倉岳山が最高峰である。駅から歩ける便利さ、四季それぞれ美しい雑木林、風情ある峠道、そして展望と、魅力はつきない。穴路《あなじ》峠を隔てて西にある高畑山にまず登り、縦走してみよう。

**鳥沢《とりさわ》駅**を出て、甲州街道を東に歩く。とかくわかりにくいのは里道だが、大月市の道標が辻々にあって安心である。桂川を渡って住宅街を歩き、**小篠《おしの》貯水池**に着けば、堤防の上はひと息入れるのにいい園地になっている。

小篠沢を左岸に渡り、やっとそれらしくなった山道を登っていくと、やがて**高畑山分岐**に着く。沢沿いに続く穴路峠への道と別れ、右へと山腹を登る。うまくつけられた道で快調に高さをかせげるだろう。

高畑山から北にのびる尾根を西側に回りこみ、右手に高畑山の西に連なる大桑山《おおくわやま》を見ながら山腹の道を緩く登っていくと、かつて仙人小屋があったという場所に出るが、ほとんど名残はない。ここからヒノキ林の山腹を尾根へと登る。尾根に乗ると、ひと登りで**高畑山**頂上に着く。南側、富士山方面が開けている。

頂上から東にわずかで雛鶴《ひなづる》峠へ

**■鉄道・バス**
往路＝JR中央本線鳥沢駅が起点。復路＝JR中央本線梁川駅から帰途につく。

**■マイカー**
登山口の両駅付近には駐車場がないため、マイカーには不向き。どうしてもという場合はJR中央本線の四方津駅前か大月駅周辺の有料駐車場に停め、電車で移動するとよい。

**■登山適期**
自然林が多く残っているので、新緑の4～5月、紅葉の10～11月がよい。

**■アドバイス**
▽鳥沢駅～小篠貯水池間は40分ほどの車道歩きのため、手配しておいたタクシーで行く方法もある。
▽倉岳山はかつて鞍立岳とも書かれたという。なるほど四方津（しおつ）あたりから見る山姿はこの字の方がしっくりくる。

**■問合せ先**
大月市役所☎0554・22・2111、四方津交通（タクシー）☎0554・66・2341、大月タクシー☎0554・22・2221

**■2万5000分ノ1地形図**
上野原・大室山

の道を南に分け、穴路峠への下りとなる。天神山《てんじんやま》の小突起をすぎ、堀割状の**穴路峠**に着く。

峠から急、緩、急と登り返してたどり着いた**倉岳山**の頂上はわりと広い。南側の樹林がのびて、富士山や道志《どうし》・丹沢《たんざわ》方面の山々は隠れ気味だが、北側は見晴らしがよい。ことに大菩薩連嶺《だいぼさつれんれい》がすばらしい。

立野《たちの》峠へは急な部分もあるが、よく踏まれている。**峠**からは北に暗いヒノキ林に入り、小尾根を西に回りこむように下ると月屋根《つきやね》沢源流部に出合う。あとは沢沿いの道を何度か岸を変えて下る。**車道**に出て、桂川を渡れば**梁川《やながわ》駅**はすぐそこだ。

高畑山からの美しい樹林帯の下り

## CHECK POINT

鳥沢駅から甲州街道を歩いたのち、中央線を越えて下り、桂川を対岸に渡ると小篠集落に着く

小篠貯水池から沢沿いに登っていくと、高畑山への分岐がある。そのまま沢沿いに登れば穴路峠だ

高畑山直下に、戦後から30年ほどここに住み、高畑仙人とよばれていた人の住居跡がある

仙人住居跡から植林地を登って高畑山北尾根に出、しばしの急登で頂上に着く。富士山側のみ展望がある

高畑山からの美しい広葉樹の尾根道はコースの白眉である。天神山の小さな突起を越えて穴路峠に着く

穴路峠から急登を２回繰り返して倉岳山の頂稜に出る。頂上からは桂川沿いの街を見下ろすことができる

立野峠への下りはじめはかなりの急傾斜である。踏まれた雪が凍っているときにはアイゼンがほしい

峠道は月屋根沢の源流の水場からはずっと沢沿いに続く。車道に出たら梁川駅まで15分ほどである

16

道志川右岸、丹沢山地きっての大きな山容

# 大室山

おおむれやま（おおむろやま）
1588m

日帰り

歩行時間＝6時間10分
歩行距離＝10・0km

技術度
体力度

菜畑山から見た加入道山（中央）と大室山（左奥）

丹沢《たんざわ》山塊に属する山だから神奈川県の山のイメージが強いが、道《どう》志《し》川に面した部分はれっきとした山梨県道志村の山でもある。しかし道志側からは登山に好適な時間にバスはないので、ここではマイカー利用を前提とした往復コースとした。

国道413号から道志の湯への道に入り、温泉施設を通りすぎてわずかで左の車道に入るとすぐに駐車場と**登山口**がある。

登山道はすぐに、シカの食害を防ぐために柵で囲まれた横浜市水道局の植林地を通過する。いつしか沢沿いになった道は**あずまや**に突き当たる。右手の沢が最終水場だ。登山道はここで屈曲して尾根に乗る。登るにつれ、背後には鳥《とん》ノ胸山《むねやま》の左肩に富士山が大きくなっていく。

大理石の採石場跡を左に見てすぐ、山腹が崩壊していてロープが張られている場所に出る。

加入道山の頂稜は緑のトンネル

大室山頂稜のバイケイソウの群落

| | |
|---|---|
| コース定数 | ＝27 |
| 標高差 | ＝918m |
| 累積標高差 | ↗1205m ↘1205m |

## CHECK POINT

1 道志の湯の先を左に入ったところに駐車場があり、登山口はそのすぐ先にある

2 崩壊が進んでいる地点もある道を足もとに注意して登るとあずまやに到着する

3 あずまやの裏手から尾根に取り付く。高度を上げていくと富士山が頭を出す

4 稜線が近づくと崩壊地を通過するが、ここから稜線までが要注意ポイントだ

5 主稜線をひと登りで加入道山の東西に長い頂上に着く。近くに避難小屋がある

6 大室山との鞍部が破風口で、少し登ったところから丹沢方面に展望が開ける

7 急登をこなして大室山の頂稜に出ると、あとは頂上まで美しい稜線が続く

8 大室山の頂上はとても広い。展望にこそ恵まれないが、心安らぐ樹林がある

ここから稜線までが最も足場の悪いところで、ことに冬季には危険が増す。

加入道山《かにゅうどうやま》のわずか南で稜線に出る。葉の落ちた時季なら樹林越しに大室山が大きな図体を見せるだろう。

ひと登りで**加入道山**に着く。林に囲まれて展望はない。南側の一角にはりっぱな避難小屋があり、荒天時はありがたい。

大室山へ向かう尾根道は、葉の茂った時季はまるで緑のトンネルのようだ。大椿《おおつばき》への分岐をすぎて下り着いた最低鞍部を破風口《はふぐち》という。登り返す斜面には草地もあって、このコースでは唯一といってもよいほど展望がきく。丹沢山塊の重畳たる山々や、晴れていれば海に浮かぶ大島まで見わたすことができる。

雨で流され、歩きにくい木段を登る。ブナの多い稜線だが、丹沢の他の山同様に立ち枯れが目立つ。東西に長い頂稜に出るとバイケイソウを保護するための木道を歩く。右から犬越路《いぬこえじ》からの道を合わせたすぐ先が**大室山**頂上である。

帰りは往路を戻る。

■鉄道・バス
往路・復路＝公共交通機関の利用は難しいので、マイカーかタクシーを利用する。

■マイカー
登山口に10台程度の駐車スペースがある。圏央道相模原ICから約34キロ、中央自動車道都留ICからは約21キロ。

■登山適期
一般的には真冬以外の三季がよい。特にブナの芽吹きのころに歩けば実にみずみずしい気分になるだろう。冬でもそれなりの装備をすれば危険は少ない。名物の霧氷を見られれば最高だ。

■アドバイス
▽山頂から大渡（おわた）、久保、また加入道山の東から大椿への道もあるが、少々山慣れた人向き。
▽道志の湯（☎0554・52・2384）は公営の立ち寄り湯としては老舗。泉質のよさが評判である。

■問合せ先
道志村役場☎0554・52・2111

■2万5000分ノ1地形図
大室山

# 17 扇山・百蔵山

## 桂川左岸で最も目立つ二山を結んで歩く

おうぎやま 1138m
ももくらやま 1003m

日帰り
歩行時間＝5時間30分
歩行距離＝12・0㎞

技術度 ●●○○○
体力度 ●●○○○

コース定数＝25
標高差＝528m
累積標高差 ↗1065m ↘1351m

菊花山からみた百蔵山（左）と扇山（右）

　中央本線北側車窓の両雄は、大《おお》月《つき》以東では扇山と百蔵山だろう。両山とも駅から歩いて行ける山ではあるが、ここでは扇山にバスを利用して北側の浅川《あさかわ》峠から登り、欲張って百蔵山へと縦走してみよう。扇山までの登山道の樹林のよさは植林の多い南面の比ではない。

浅川峠から美しい樹林帯を登る

　**浅川峠**までは次項の権現山を参照。峠の手前からはじまった広葉樹の林は、峠から南に登るにつれますます美しくなる。平坦なピークの曽倉山《そくらやま》からいったん下ってまた登りになる。新緑や紅葉の時季ならなおさらうっとりして疲れ知らずだろう。

　しっとりした林から飛び出しただけに、**扇山**の頂上は明るすぎるくらいで、富士山の眺めもいささか俗に感じられる。

　それまでの柔らかい地面からすると舗装路のような道を西へ向かうと、梨《なし》の木平《きだいら》への下山道を南に分ける。大久保山《おおくぼやま》の小突起を越えると急な斜面をジグザグに下る。道が平坦になると、尾根上の突起はうまく巻いて道は続く。**宮谷《みやたに》への下山道を分け**、コタラ山の南面を巻き、いよいよ百蔵山への最後の登りである。

　頂上の東端にたどり着くと、百蔵浄水場からの道が合流する。平らになった道を西に行くと**百蔵山**三角点がある。南側が開けており、桂《かつら》川の谷の奥に富士山が端正だ。北側も枝越しに多摩《たま》川源流の山々から雲取山《くもとりやま》まで眺められる。

■鉄道・バス
往路＝JR中央本線大月駅から富士急バスで約40分、浅川下車。
復路＝JR中央本線猿橋駅から帰途につく。

■マイカー
あらかじめ大月市営グラウンドに車を置き、徒歩30分ほどの市営グランド入口バス停で浅川行きのバスに乗るという方法が使える。人数がそろればタクシーを使っても料金には大差ない。

■登山適期
真夏以外の三季。頂上の桜の時期に花と富士山を撮るなら4月中旬。

■アドバイス
▽便数は少ないが、下山地の市営グラウンドそばの百蔵山登山口バス停から猿橋駅へ富士急バスが運行。
▽鳥沢（キジ）、犬目（イヌ）、猿橋（サル）、九鬼山（オニ）と地名がそろっているのにこじつけて、このあたりには桃太郎伝説が残っている。それに百蔵山（モモ）を加えれば完璧。
▽百蔵山東直下の百蔵浄水場分岐から百蔵浄水場への道は傾斜が急なので、下りには使わない方がよい。

■問合せ先
大月市役所☎0554・22・2111、富士急バス大月営業所☎0554・22・6600

■2万5000分ノ1地形図
大月

帰りは頂上西側の大同山《だいどうやま》との鞍部から南へ尾根を下る。わずかで東の沢へと道は屈曲する。あたりはヒノキ林となり、やがて沢の左岸に渡ると貯水タンクを見る。その手前左が車道終点で、**大山祇《おおやまづみ》神社**がある。車道は遠回りなので、そのまま沢沿いの道を下ると、住宅地を抜けて大月市営グラウンドに出る。行く手に見える中央道をくぐると**猿《さる》橋《はし》駅**は近い。

## CHECK POINT

浅川峠は、峠とはいうものの、歩かれているのは西側だけで、東側の峠道を上下する人は滅多にない

峠から南へわずかに急登をこなすと曽倉山の南北に長い頂上に着く。気分のよい雑木林の頂上である

しっとりとした林から飛び出した扇山の頂上は、多くの人に踏まれて裸地が多く、少々ほこりっぽい

扇山から広い尾根を西へわずかに進むと、梨の木平を経て鳥沢駅に下る道が分かれる。駅まで約1時間30分

大久保山をすぎると急な下りがはじまるが、小刻みにジグザグを切る道で、傾斜のわりには下りやすい

悪天や体調不良の場合、車道に比較的早く出られる宮谷分岐から猿橋駅に下るとよい。駅まで約1時間30分

百蔵浄水場からの道を合わせると百蔵山頂上まではすぐだ。広い頂上は南側が明るく開けている

猿橋駅への分岐から稜線を離れ山腹を下る。歩きやすい道で、下和田の住宅地までいくらもかからない

18

# 権現山

## 東西に長大な稜線を持つ山。その東半分を縦走する

ごんげんやま
1312m

日帰り

歩行時間＝5時間20分
歩行距離＝10・5㎞

技術度
体力度

| | |
|---|---|
| コース定数＝22 | |
| 標高差＝702m | |
| 累積標高差 | ↗860m ↘1135m |

↑権現山山頂から見る三頭山。手前はヒカゲツツジの坪山

権現山、百蔵山《ももくらやま》、扇山《おうぎやま》を俗に「北《きた》都留《つる》三山」とよぶ。中でもその山体の大きさから権現山を盟主とするに異論はあるまい。奥深い位置にあり、突出したピークをもたないため、わかりやすさに欠けるが、それがかえって通好みで、東西に長大な稜線をもつ茫洋とした山容には風格がある。その長い稜線歩きがこの山の魅力だから、山道はいくつもあるが、ここでは、西山麓の浅川《あさかわ》から登り、東の稜線の末端、用竹《ようだけ》まで下るコースを紹介しよう。

浅川峠から権現山を目指して登る

**浅川バス停**のすぐ先から分かれる林道の入口に浅川峠への道標がある。**林道終点**から山道がはじまる。暗い杉林を登っていくと、いつしか明るい尾根歩きとなり、今まで隠れていた権現山の頂上が樹林越しに見えてくる。やがて権現山と扇山を結ぶ尾根上にある**浅川峠**に着く。峠らしくない尾根上の小高い隆起の上である。

　峠から北方向へ登る。はじめのうちは植林のヒノキもあるが、すぐに気分のよい自然林の尾根となる。傾斜が増すと道はうまく蛇行してつけられていて登りやすい。

やがてたどり着いた稜線を右にわずかで**権現山**頂上である。扇山や百蔵山はずいぶん低く見え、富士山は遠くなったはずなのに大きく見えるのがおもしろい。北には笹《ささ》尾根の頂点に三頭山《みとうさん》が大きい。

　頂上から東方向に下ると、すぐ下に山名の由来となった大勢籠《おおむれ》権現がある。途中、和見《わみ》などへの分岐を見ながら、大きな電波塔が建つ**雨降山**《あふりやま》、表示がなければわからないような寺入山《てらいりやま》、**二本杉山**《にほんすぎやま》と徐々に高度を下げていく。長い尾根だがその分なだらかで、さほど足もとに気を遣うこともなく下れる。

　墓村《はかむら》や神戸《ごうど》への分岐を見るころには暗い植林地の山道となる。やがて細い車道歩きとなり、それが県道に出て右へわずかで、バイパスとの合流点に**用竹バス停**がある。

**■鉄道・バス**
往路＝JR中央本線大月駅から富士急バス40分で浅川バス停下車。
復路＝用竹バス停から富士急バス25分でJR中央本線上野原駅へ。

**■マイカー**
浅川バス停先の駐車スペースを利用すれば、往復登山となる。中央自動車道大月ICから約13㌔。

**■登山適期**
新緑の4月下旬〜6月、紅葉の10月中旬〜11月。真夏は暑くて不快。

**■アドバイス**
▽大月から浅川へのバスは午前中1本しかない。人数がそろえばタクシーが手っ取り早い。
▽大勢籠権現ではかつて祭りの日に賭場が開かれたという。「おおむれ」という読みは、かつての権現山の名前であった大室山からきており、古代朝鮮語で大きな山を表すという。

**■問合せ先**
大月市役所☎0554・22・2111、上野原市役所☎0554・62・3111、富士急バス大月営業所☎0554・22・6600、富士急バス上野原営業所☎0554・63・1260、富士急山梨ハイヤー大月営業所☎0120・154・229、上野原タクシー☎0554・63・1232

**■2万5000分ノ1地形図**
上野原

## CHECK POINT

1 現在、午前中一本だけの大月駅発のバスが、終点浅川に着くのが8時55分と、山歩きには好都合である

2 バス停から浅川峠までの半分は林道歩きになる。林道沿いに何箇所か駐車できるスペースがある

3 権現山頂上のすぐ西で頂稜に出て、ひと登りで頂上に着く。狭い頂上からは南北の展望がある

4 頂上の南東直下に日本武尊を祀った大勢籠権現神社がある。社殿前の自然石を彫って造られた石段がみごと

5 和見分岐。人里へはここからが近いが、バス停までとなると、コース通りに用竹へ下った方が早い

6 雨降山から北にのびる尾根を初戸へ下れるが、歩きやすいのは断然東にのびる用竹への稜線だ

7 長い稜線歩きも墓村分岐まで下るとそろそろ終わりに近い。あたりはすっかり暗い植林地となっている

8 用竹バス停の標高は330㍍。つまり権現山からほとんど1000㍍近くを下ってきたことになる

19

# 要害山・大蔵経寺山

「山梨百名山」2つで合わせ技一本

日帰り

歩行時間＝5時間25分
歩行距離＝11・5km

技術度 体力度

ようがいさん 780m
だいぞうきょうじやま 716m

コース定数＝21
標高差＝300m
累積標高差 780m 990m

大蔵経寺山採石場跡から石和の街を見下ろす

大蔵経寺山や要害山は「山梨百名山」に選定されて登る人も増えたが、それぞれ一山だけ登るのではどうも物足りない。そこで、この2山を結んで歩き、合わせ技一本としよう。

**積翠寺《せきすいじ》バス停**から道なりに舗装路を登ると、右手に現れるのが積翠寺で、その背後にあるこんもりとした山が、武田信玄がここで生まれたという要害山である。すぐ上の**要害温泉**の脇からはじまるかつての登城路を登る。

積翠寺と要害山

みごとな松林や、城郭の跡を見ながら**要害山**に着く。頂上は広く平らに整地されていて、歴史好きならずとも往時を偲びたくなる雰囲気がある。

東へ尾根をたどると、ほどなく武田《たけだ》の杜《もり》遊歩道にぶつかる。右に尾根を巻きながら下ると、古い石の道しるべがある岩堂《いわどう》峠分岐へ着く。左の沢筋に続く峠道を登ると、左手の岩壁にうがたれた岩穴に深《ふか》草《くさ》観音がある。荘厳な雰囲気の場所である。

ここからわずかで**岩堂峠**に着き、峠道と分かれて尾根を巻いていく山道に入る。鹿穴《ししあな》の三角点を東から巻いて、**鹿穴南分岐**に着く。

ここから道標にしたがって南東にのびる尾根に入る。春秋にはこ

■鉄道・バス
往路＝JR甲府駅から積翠寺まで、バス便はあるが、便数が少ない。時間にあわなければタクシーを利用することになる。所要10～15分。
復路＝JR石和温泉駅から帰途につく。

■マイカー
紹介コースを歩くなら、甲府駅か石和温泉駅周辺の駐車場を利用し、電車とタクシーで移動するとよい。

■登山適期
甲府盆地に桃、桜が咲く4月から、緑萌える5月中～下旬ごろまで。

■アドバイス
▽深草観音の岩穴への鉄バシゴは急で、高度感がある。右手の岩場からクサリを頼りに登った方が無難。
▽武田の杜遊歩道は、愛宕山や武田神社から甲府北部の山腹を巻いて緑ヶ丘スポーツ公園まで続き、なにかと利用できる道である。
▽石和温泉郷は多くの旅館、ホテルがある。問い合せは石和温泉観光協会（☎055・262・3645）。

■問合せ先
甲府市役所☎055・237・1161、笛吹市役所☎055・262・4111、山梨交通バス事業部業務課☎055・223・0821

■2万5000分ノ1地形図
甲府北部・塩山・石和

とに美しい雑木林の稜線の上下が繰り返され、途中にはおもしろい造形の岩もある。

やがて右側が明るく開けた稜線となるが、ここは２００８年暮れの山火事後に伐採された場所だ。東麓にある長谷寺《ちょうこくじ》へ下る分岐を見て、しばらくで**大蔵経寺山**へ着く。標柱と三角点がなければただの山中の一角にすぎないようなところである。ここから南へまっすぐに下る道もあるが、南東の主尾根伝いに下る方が、麓からも目立つ採石場跡からの眺めがよい。

採石場跡の擁壁から下ると車道歩きとなる。この車道は大蔵経寺の横を通って国道１４０号線に突き当る。国道に出たら左へ進むと、ほどなく右側に**石和温泉駅**《いさわおんせん》北口への車道が分かれる。

## CHECK POINT

積翠寺を右に見て車道を上がり、右手の川向うにある要害温泉へと橋を渡ると、要害山の入口がある

かつての登城路だけあって、歩きやすく道はつけられている。往時を想像しながら登ると広い頂上に着く

岩堂峠へ登る途中に深草観音がある。岩屋堂には昭和初年に奉納された鉄バシゴがある

鹿穴南分岐からは武田神社へ下れるので、悪天やアクシデントがあった場合のために頭に入れておこう

長い稜線歩きを経てたどり着いた大蔵経寺山は、三角点があるだけであまり山頂という感じはしない

20

# 人気のほったらかし温泉から登る展望の山

# 棚山

たなやま
1171m

日帰り

歩行時間=3時間45分
歩行距離=8・0km

技術度

体力度

コース定数=16

標高差=496m

累積標高差 ↗675m ↘675m

棚山から大菩薩連嶺と塩山市方面

JR中央線山梨市駅あたりから見ると、なかなかりっぱな山容をもつ棚山も、もっと目立つ山が多い甲府盆地周辺にあっては好事家向きのやぶ山でしかなかった。ところがこの山の中腹に温泉施設ができ、展望のよさから大人気となった。ならばそのほったらかし温泉から登ってもらおうと、地元観光協会が道標その他を整備し、誰もが登れる山になったのである。

**ほったらかし温泉**から林道が上下2段にのびているが、その上段の林道を歩く。林道分岐には道標が立っているので安心である。あたりは伐採されて甲府盆地方面の眺めがよい。

**林道の終点**からわずかに下ると、左からコンクリート舗装の道が合流する。ここから山道に入る。小尾根を乗り越し、浅い沢に沿って登ったところに**分岐**がある。そのまままっすぐに登るのが頂上のすぐ南に出る山の神コースで、左手へと急に登るのが頂上から南東にのびる尾根の途中に出る重ね石《かさねいし》コースである。どちらを登っても大差ないが、ここでは重ね石コースを登って、山の神コースを下ることにする。

たくさんの大岩を見ながら登っていく。雨後で濡れているときにはすべりやすい斜面もあって、ロープが張られている。稜線に乗ったところに大岩が2つ重なった**重ね石**という岩がある。

尾根道を登って、頂上南のコブを越え、岩を縫うように登っていくと、山の神からの登路を合わせ**棚山**《たなやま》山頂に着く。東西が伐採され

■鉄道・バス
往路・復路＝バス便はない。タクシーはJR山梨市駅から約10分。

■マイカー
登山口のほったらかし温泉へは、中央自動車道勝沼ICから約13㌔。温泉に隣接して無料の駐車場がある。

■登山適期
盆地が桃色に染まる4月、新緑や紅葉の時期がベストで、真夏以外はいつでもよい。

■アドバイス
▽ほったらかし温泉の駐車場利用者はその旨を断ってから登ってほしい。
棚山登山は他に、積翠寺から岩堂峠経由で登り、ほったらかし温泉に下る、太良峠から登り、ほったらかし温泉に下る、兜山と組み合わせて登る、などの方法が考えられるが、いずれも多少山慣れた人向きである。

ほったらかし温泉

■問合せ先
山梨市役所☎0553・22・1111、笛吹市役所☎055・262・4111、日下部タクシー☎0120・23・1331、甲州タクシー☎0553・22・1551、ほったらかし温泉☎0553・23・1526

■2万5000分ノ1地形図
塩山・甲府北部

ており展望がよい。

帰りは、先ほどの分岐から急に下り、石祠のある木のところから南方向にトラバースを繰り返す。浅い沢状の斜面を下る部分では少々踏跡が怪しいが、目印はたくさんある。傾斜の緩い尾根道になると、やがて山の神を左手の大ヒノキの下に見て、浅い沢を渡って、重ね石コースの**分岐**に戻る。あとは往路を出発点の**ほったらかし温泉**に戻る。

ほったらかし温泉からの棚山

## CHECK POINT

1 最初にたどる林道は、周辺がまだ伐採してまもないので、甲府盆地方面の展望を楽しみながら歩ける

2 林道終点からわずかに下ると左からコンクリート舗装の道を合わせ、いよいよ山道へと入っていく

3 尾根をひとつ乗り越して浅い沢沿いにわずかに登ると分岐がある。左折するのが重ね石コース

4 重ね石の手前にロープの張られた急坂がある。地面が粘土質なので雨後などは非常にすべりやすい

5 稜線に出たところに、大岩が2つ積み重なった重ね石がある。棚山は大岩が露出しているところが多い

6 たどり着いた棚山山頂からは東西、すなわち大菩薩連嶺方面と南アルプス方面の展望がよい

7 帰りは、頂上のすぐ南から、東へと急降下すると、すぐに大木の根元にまだ新しい石祠がある

8 道の左手の林内にある大ヒノキの根元に古い石祠を見ると、そのすぐ先で往路と合流する

21

# 小檜山

## 高原情緒あふれる登山道を登り、温泉へと急降下

日帰り

こならやま
1713m

歩行時間＝4時間5分
歩行距離＝7・9km

技術度

体力度

| | |
|---|---|
| コース定数 | ＝**15** |
| 標高差 | ＝188m |
| 累積標高差 | ↗480m ↘1205m |

塩山市東部からの小檜山

塩山《えんざん》あたりからはよく目立つ小檜山の双耳峰は、なかなかの傾斜と高さで、牧丘のブドウ畑から盛り上がっている。しかしその反対側、北から西にかけての傾斜は穏やかで、柳平《やなぎだいら》や乙女《おとめ》高原の高地となっている。その一角、焼山峠《やけやまとうげ》からこの山に登り、南麓の牧平《まきだいら》に下ってみよう。下り着いたところが鼓川《つづみがわ》温泉で、間髪を入れず汗が流せるのはありがたい。

おびただしい子授け地蔵が並ぶ**焼山峠**から緩く登っていく。途中、新旧の道が分かれるが、その先の的岩《まといわ》付近で合流する。合流してまもなく、**一杯水**《いっぱいみず》という水場で、小檜山を巻いて小檜峠に続く道から頂上への道が分岐する。それをひと登りで錫杖《しゃくじょう》ヶ原《はら》ともよばれる**小檜山**の高原状の頂上である。甲府盆地側が大きく切り開かれ、展望は抜群である。

大沢山手前の幕岩は格好の休憩場所

西方向に緩く下ると、一杯水からの巻道を合わせて小檜峠へ着く。高原情緒はここで終わりなので気を引き締めよう。南へ尾根道を行くと、やがて岩場を避けて尾根の西側につけられた道となり、尾根上でひときわ目立つ幕岩の西の基部に着く。幕岩へは岩溝にかかったクサリを頼りに登ることができる。**大沢山**《おおさわやま》は幕岩のすぐ先で、四等三角点がある。

南東に下るのが父恋し道で、牧

■鉄道・バス
往路＝JR中央本線塩山駅からタクシーで焼山峠へ。
復路＝鼓川温泉からの山梨市民バスは便数が少ない。時間に合わなければタクシーを利用して塩山駅へ。

■マイカー
紹介コースを行くなら、塩山駅周辺に駐車して、タクシーを利用。

■登山適期
カラマツの芽吹きと黄葉は5月下旬と10月下旬。錫杖ヶ原のレンゲツツジは6月中旬。冬枯れの時季も味わいがある。

■アドバイス
▽幕岩は鎖で登ることができるが、高所に弱い人だと下りが怖い。
▽悪天時などには、小檜峠からは母恋し道、大沢山からは父恋し道で保健農園ホテル・フフ山梨（閉館）へ下った方が、鼓川温泉へ下るより安全である。

■問合せ先
山梨市役所（市民バスも）☎0553・22・1111、YK塩山タクシー☎0553・32・3200、鼓川温泉（日帰り入浴）☎0553・35・4611

鼓川温泉

■2万5000分ノ1地形図
川浦

平へは南西に下る。それまでになかった急坂をいっきに下って南頭の突起を越え、林道に下り立つ。「一次の峠」と道標にはある。

ここから差山《さやま》へは、クサリのかかった岩場を急登する部分もあるが、わずかな距離である。登りきったところが見返りの岩とあり、振り返ると大沢山が大きい。

**差山**三角点、富士見台、**妙見山**《みょうけんさん》と標高を落としていく。テレビアンテナを通過すると踏跡は薄くなり、道の傾斜は強く、足もともすべりやすい。やがて暗い植林地になり、鹿柵の扉から農道に出る。**鼓川温泉**まではすぐである。

## CHECK POINT

乙女高原、琴川ダムの完成で出現した乙女湖がある柳平が近い焼山峠には、やはり高原情緒がある

▼

小楢山の山頂は一名錫杖ヶ原ともよばれるような高原状で、甲府盆地側に広い展望が得られる

▼

幕岩分岐からひと登りで狭い大沢山の山頂に着く。ここから父恋し道経由でフフに下ることもできる

▼

林道（一次の峠）を横断すると差山の登りになる。山頂直下は岩場で、クサリがかかっている

▼

差山から富士見台の突起を経て少し下ると妙見山の標柱が立っている。富士山方面に展望がある

# 22 乾徳山

## 森林を抜けて草原を通り、そして岩の頂上へ

日帰り

けんとくさん 2031m

歩行時間＝7時間20分
歩行距離＝10・5km

技術度 3/5
体力度 2/5

| | |
|---|---|
| コース定数 | ＝**30** |
| 標高差 | ＝1201m |
| 累積標高差 | ↗1310m ↘1310m |

扇平からの富士

　甲州市塩山にある武田氏の菩提寺恵林寺の山号は乾徳山《けんとくさん》で、開祖夢窓国師が修行をしたという岩屋が乾徳山中にはあるという。この山が最も天を突く鋭鋒に見えるのは、この恵林寺の方向からである。

　2000《メートル》を超す高さと広闊な展望、さらに森、草原、岩場と変化に富んだ山歩きが楽しめるとあって、古くから登山者の多い山である。

　徳和《とくわ》の**乾徳山登山口バス停**横には登山者用の駐車場があり、隣の公園にはトイレもある。

　徳和川に沿った舗装路を登っていくと、やがて林道となる。しばらく歩くと林道脇に**登山口**の大きな標識がある。

　銀晶水《ぎんしょうすい》、駒止《こまどめ》を通りすぎ、**錦**《きん》**晶水**《しょうすい》の水場でようやく傾斜が緩む。この先水場はない。登山道は高原状の国師《こくし》ヶ原《はら》に続き、ここで

**■鉄道・バス**
往路・復路＝JR塩山駅から西沢渓谷行きの山梨交通バス（運行日注意）に乗り、乾徳山登山口下車。JR中央本線山梨市駅から山梨市民バスも運行。

**■マイカー**
乾徳山登山口バス停に隣接して2カ所の無料駐車場がある。中央自動車道勝沼ICから約19キロ。

**■登山適期**
4～11月。10月中～下旬がベスト。

**■アドバイス**
▽徳和から国道140号に出て、少し雁坂トンネル側に進むと「みとみ笛吹の湯」（☎0553・39・2610）がある。そのほか、国道沿いには何カ所も立ち寄り湯がある。
▽乾徳山からさらに尾根を北上して黒金山に登り、大ダオから東奥山窪沿いに下るコースは熟達者向き。乾徳山からバス停まで約6時間。
▽旧大平牧場上まで車で入るのが最も簡単な登山だが、車道は悪路。

**■問合せ先**
山梨市役所（市民バスも）☎0553・22・1111、山梨交通バス☎0553・33・3141

**■2万5000分ノ1地形図**
川浦

頂上直下の岩場がいちばん手ごわい

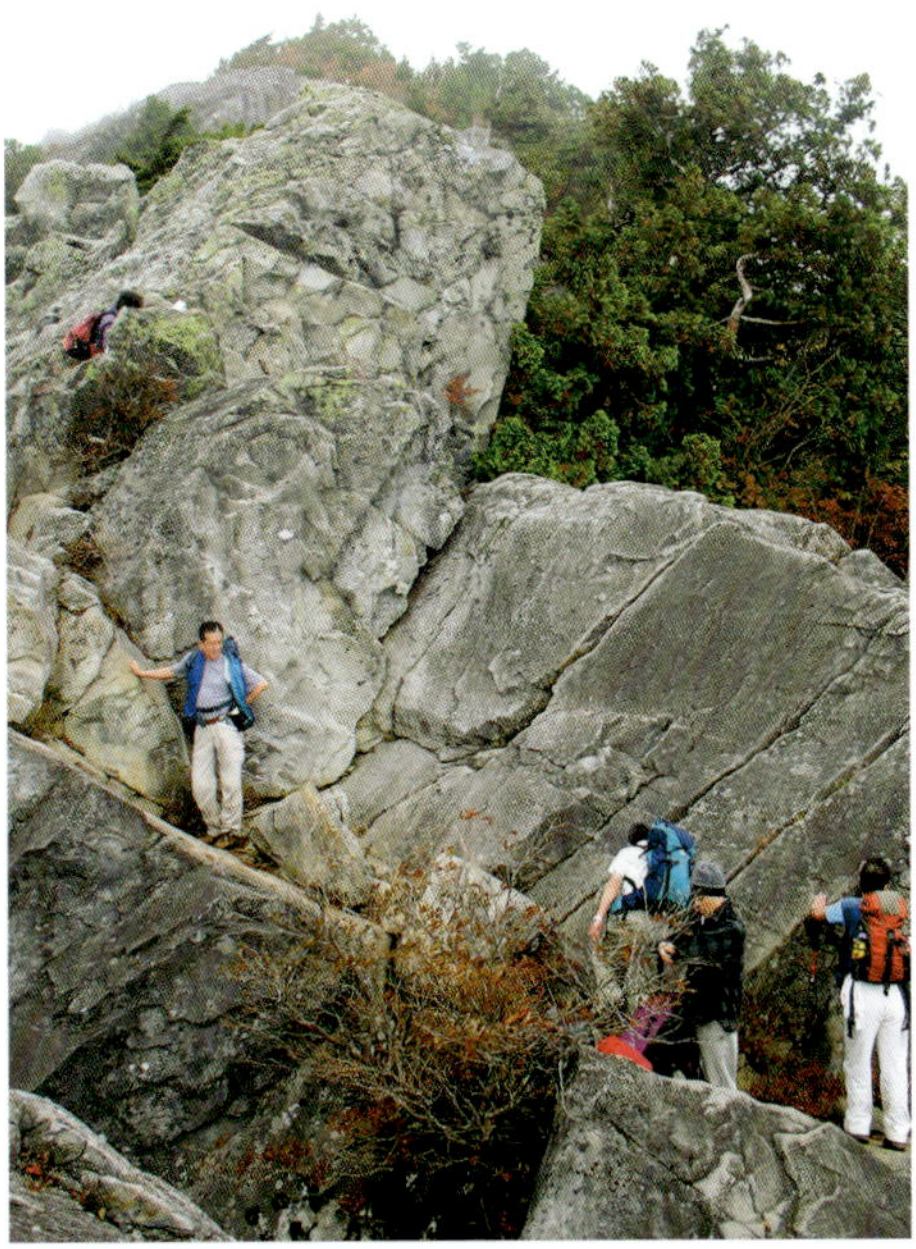

乾徳山の岩場は腕力のいるところが多い

やっと乾徳山を望むことができる。途中の四辻では直進するが、下りには左手から戻ってくる。行く手に一段高く見えるカヤトの原は扇平《おうぎだいら》で、そこへ向かって林の中を登る。

乾徳山山頂。うしろに大きいのは国師ヶ岳、中央稜線の鞍部が大ダオ

扇平には**月見**《つきみ》**岩**《いわ》という大岩がポツンとある。振り返ると富士山方面に眺めが広い。このすぐ先で尾根筋を登ってきた道を合わせ、今までとはうって変わった黒木の森の中を岩を縫うように登っていく。やがて少々腕力のいるクサリ場も現れ、眺めが開けてくると、頂上も近い。頂上直下では一枚岩をクサリでよじ登るが、自信がなければ右手から回りこんで登る道もある。

頂上北側からの頂上と富士

たどり着いた**乾徳山**頂上は大岩の堆積で、眺めは実に広い。

下りは、いったん黒金山《くろがねやま》方面へ急に下った鞍部から黒金山への縦走路と別れて西（左）へ入る。急激に高度を落とす道は、やがて乾徳山を西から南へ巻いていき、国師ヶ原の一角にある新装された**高原ヒュッテ**の前に出る。新装時に整備された道が通じており、すぐ先で登りの際に通った四辻を直進してこの道なりに進む。

道満尾根にさしかかると道標があって、車道と別れて尾根道に入る。この先車道と交わることもあるが、ひたすら尾根上に道がつけられている。嫌になるころ植林の暗い森の中の徳和峠に着く。右にわずかで集落へ出て、辻々にある道標にしたがって下れば、徳和の**乾徳山登山口バス停**へはもうあとわずかである。

## CHECK POINT

1 乾徳山登山口バス停のそばに登山者用駐車場がある。この先に駐車場はない

2 乾徳神社の先から林道を登っていくと、やがて登山口の大きな看板がある

3 傾斜が緩むと最後の水場錦晶水に着く。ここから国師ヶ原へと入っていく

4 国師ヶ原ではじめて乾徳山が姿を現す。頂上までまだ500メートル残している

5 扇平から森の中に入るとまもなく岩場が現れる。上に立つと高度感がある

6 長年の間に岩の角が丸くなっていたりするので濡れているとすべりやすい

7 人の多いときには岩場は渋滞する。コースタイムは余分にみておこう

8 頂上直下の岩場が最も急で高さもある。右手から巻いて登ることもできる

9 大岩の堆積している頂上からの富士山。眺めは抜群だが狭く、足場が悪い

10 高原ヒュッテは改修され、トイレも設置された。前まで車道も通じている

11 道満山は標識がなければわからないほどの突起。まだまだ下りは続く

12 徳和峠から車道に出たら、鹿柵を抜けて集落内をバス停まで下る

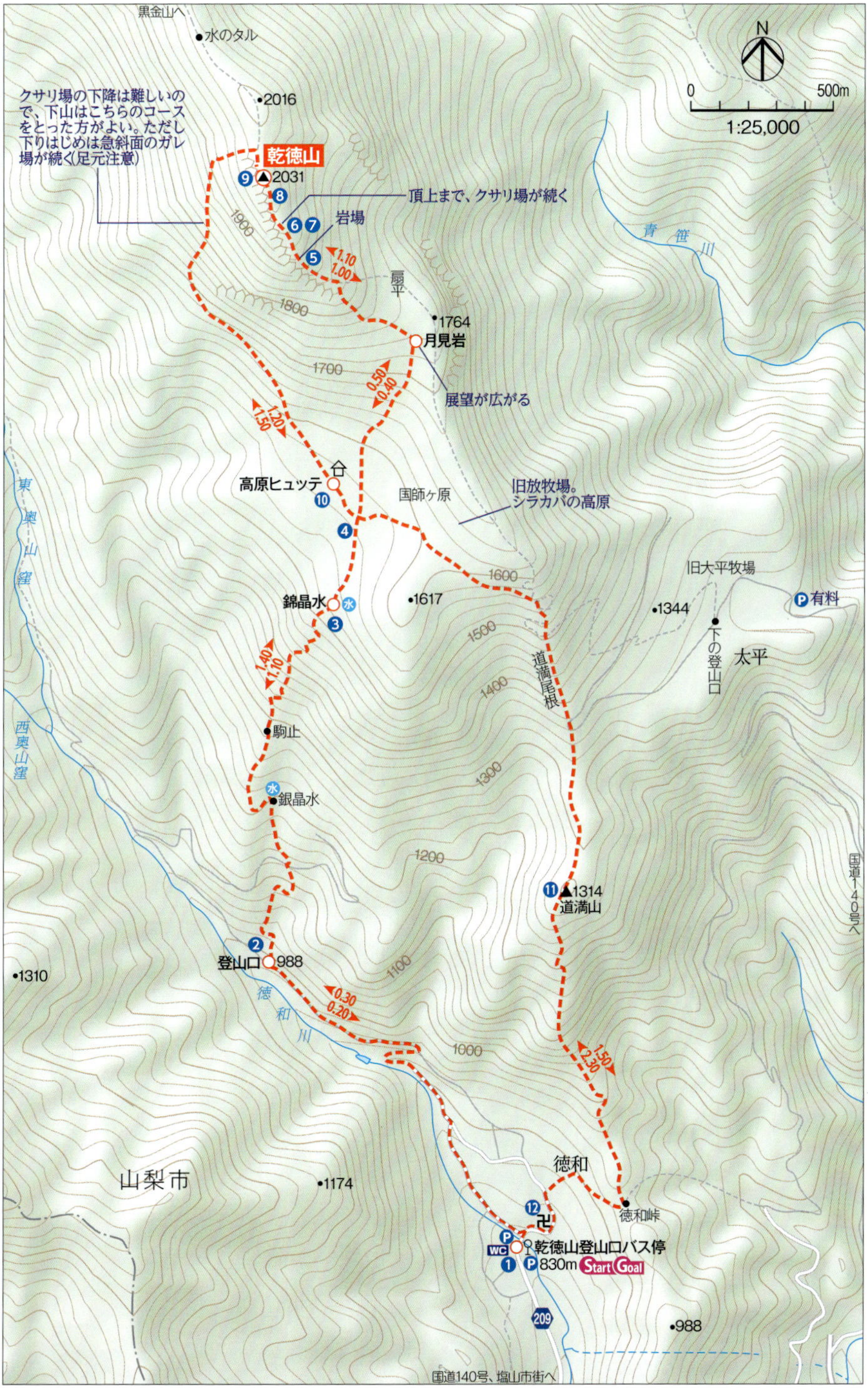
黒金山へ
水のタル
2016
クサリ場の下降は難しいので、下山はこちらのコースをとった方がよい。ただし下りはじめは急斜面のガレ場が続く(足元注意)
乾徳山
2031
頂上まで、クサリ場が続く
岩場
1.10
1.00
扇平
1764
月見岩
展望が広がる
0.50
0.40
1.20
1.50
高原ヒュッテ
国師ヶ原
旧放牧場。シラカバの高原
錦晶水
1617
1.40
1.10
駒止
銀晶水
道満尾根
旧大平牧場
有料
1344
下の登山口
太平
青笹川
東奥山窪
西奥山窪
1314
道満山
登山口
988
1310
0.30
0.20
徳和川
1.50
2.30
徳和
徳和峠
山梨市
1174
乾徳山登山口バス停
830m
Start
Goal
209
988
国道140号へ
国道140号、塩山市街へ
N
0
500m
1:25,000

23

武田氏の金山伝説に彩られた山を静かなルートで

# 黒川鶏冠山

くろかわけいかんざん 1716m

日帰り

歩行時間=4時間
歩行距離=7・0km

技術度
体力度

| | |
|---|---|
| コース定数 | =**16** |
| 標高差 | =566m |
| 累積標高差 | ↗655m ↘655m |

黒川山見晴台からの南アルプス。手前の電波塔の建つ稜線が三窪高原

倉掛山方面からの黒川鶏冠山

黒川鶏冠山は東山麓の黒川谷に金山があったことから、数々の伝説に彩られた山である。山全体が黒川山だが、今では三角点と見晴《みはらし》台《だい》がある最高点を黒川山とし、その北東の鶏冠山と合わせ、黒川鶏冠山と一括してよぶことが多い。

柳沢《やなぎさわ》峠から往復する人が多いが、ここでは北麓の落合《おちあい》から、自然林がふんだんに残る道を登ってみよう。4~11月なら、土曜・休日の午前中一本のみだが、塩山《えんざん》駅からのバスが利用できる。

**落合バス停**は東京都水源林管理事務所の前である。柳沢峠方向に少し戻ったところから川向うの(南側)の高台の集落に続く車道に入る。入口に道標がある。この先に駐車場はないので、マイカーは国道沿いの空き地に置く。

最奥の民家で車道は終わり、南へ山道がはじまる。サワラの植林地を抜け、いったん尾根に出るが、すぐに尾根の東側をからむようになる。

**分岐**が現れたら右手の横手山峠方面へと進む。帰りは鶏冠山からここに戻って来る。やがて少し暗い林に**横手山《よこてやま》峠**の道標があり、柳沢峠と黒川金山跡への道を分ける。帰りを柳沢峠とするなら、頂

**■鉄道・バス**
往路・復路=JR塩山駅から山梨交通バスで約1時間、終点の落合下車。運行は4月下旬~11月下旬の間の土・日曜、祝日限定。

**■マイカー**
登山口の落合バス停付近までは、中央自動車道勝沼ICから約28・5㌔。

**■登山適期**
5~6月、10~11月が美しい。落葉樹が多く、落ち葉の季節も味わいがある。

**■アドバイス**
▽黒川金山は武田氏時代に全盛で、俗に黒川千軒といわれるほど栄えたという。金山跡には坑道や階段状に整地された住居跡が残る。
▽柳沢峠からの往復は約3時間30分。ほとんど遊歩道といってもいいくらいの、あまり登高差のない道である。
▽立ち寄り湯は塩山側に帰るなら大菩薩の湯(☎0553・32・4126)、奥多摩方面なら丹波山温泉のめこい湯(☎0428・88・0026)が国道沿いにある。

**■問合せ先**
甲州市役所☎0553・32・2111、山梨交通バス☎0553・33・3141

**■2万5000分ノ1地形図**
柳沢峠

上へはここからの往復となる。

黒川山の南側を巻いて緩やかに登る道は明るいカラマツの植林地に続く。

黒川山の東の鞍部の分岐からスイッチバックするように見晴台へ向かう。**黒川山**の三角点は道脇の高みにある。見晴台からは東側以外、ほぼさえぎるもののない大展望が得られる。ことに奥秩父《おくちちぶ》の山脈が圧巻だ。

いったん戻り、三角点北東の鞍部から岩場もあるやせ尾根をたどると、神社のある**鶏冠山**頂上へ着く。東側が開け、黒川山では見えなかった景色が楽しめるが、切れ落ちた岩峰なので要注意。

先ほどの鞍部に戻り、今度は黒川山の北を巻いて登りがけに通った**分岐**に戻る。樹林の雰囲気はこの北面の方が、南面に較べてずっとすぐれている。分岐からは往路を下る。

## CHECK POINT

国道411号にある登山口の標識から山に向かって車道を入る。この奥に駐車スペースはない

落合の集落のはずれから山道へ

鶏冠山、横手山峠分岐。本文の紹介では反時計回りだが、もちろん時計回りで歩いてもかまわない

横手山峠。地形図ではわかりづらいが、黒川金山への道はこのわずか南から分岐する

黒川山（見晴台）分岐。黒川山三角点と見晴台へはここからの往復になる。見晴台はあまり広くない

黒川山三角点。見晴台の方が高い。しかし、三角点があるから山頂がそこになってしまうという一例

鶏冠山はこの分岐から往復する。短い距離だが、冬から早春まで雪が凍りついていることが多い

鶏冠山頂上には鶏冠神社がある。東側から北にかけて展望がいいが、岩峰なので足もとには注意がいる

# 24 大菩薩嶺
だいぼさつれい 2057m

## 北面の美しい森、南面の大展望、その両方を楽しむ

日帰り

歩行時間＝6時間40分
歩行距離＝14・0km

技術度
体力度

コース定数＝30
標高差＝1167m
累積標高差 1325m 1325m

黒川山からの大菩薩嶺はほれぼれとする金字塔である

大菩薩嶺はかつて三《み》ツ峠山《とうげやま》と並んで、東京方面からの夜行日帰りハイキングのメッカだった。今では上日川《かみにっかわ》峠までバスや車で入るのが主流で、わざわざ麓の裂石《さけいし》から登る人は少ない。しかし、古来の登山道を丸一日をかけて歩いてみるのも価値あることだと思う。丸川《まるかわ》峠経由で歩けばうまく周遊できるうえに、劇的なくらいに印象の異なるこの山の北面と南面を両方味わうことができる。

**大菩薩峠登山口**でバスを降りて、雲峰寺《うんぽうじ》の石段を左に見て上日川峠への車道を歩いていく。やが

ブナの大木の多い登山道

■**鉄道・バス**
往路・復路＝JR塩山駅から山梨交通バス約27分で大菩薩峠登山口バス停下車。

■**マイカー**
丸川峠入口付近に駐車場がある。中央自動車道勝沼ICから約15㌔。

■**登山適期**
一般的には春夏秋の三季となろう。雪のまだ来ない12月は、冬枯れの木立越しに眺めが開ける上に、登山者が少ないので人気の山をひとりじめにできる。

■**アドバイス**
▽大菩薩峠から南へ熊沢山を越えた石丸峠からも上日川峠へ下れる。より静かな山旅を求めるならこちらをすすめる。1時間とは余分にかからないし、峠付近の草原がすばらしい。
▽裂石山雲峰寺は武田家代々の祈願寺で、「日本最古の日の丸」「風林火山の旗」が宝物殿にある。本堂前のエドヒガン桜は樹齢約400年、県の天然記念物である。
▽市営の大菩薩の湯（☎0553・32・4126）ほか、裂石周辺には数軒の立ち寄り湯がある。

■**問合せ先**
甲州市役所☎0553・32・2111、山梨交通バス☎0553・33・3141

■**2万5000分ノ1地形図**
大菩薩峠・柳沢峠

雷岩からの富士と大菩薩湖

## CHECK POINT

1 丸川峠入口駐車場。ここを基点に周回できるので、マイカー登山には好適。

2 みそぎ沢に沿った林道をしばらく歩いたのち、標識にしたがって山道へ入る

3 丸川峠へは急登の連続だが、こんなに美しい樹林の尾根道は滅多にない

4 丸川荘の建つ丸川峠は山中のオアシスのよう。時間に余裕があれば一泊したい

5 丸川峠からの道は、しっとりとした雰囲気の針葉樹林が続く

6 大菩薩嶺の頂上は針葉樹林に囲まれ展望はない。南の雷岩で大展望が待っている

7 振り返る大菩薩嶺の草尾根は、北面を登ってきた人には格別の風景だ

8 賽ノ河原避難小屋。かつての峠はここを越えていたという。強風時には助かる

9 大菩薩峠と介山荘。名前は大菩薩峠を世に広めた中里介山に由来。背後は熊沢山

10 勝縁荘は、昭和7年、現在の介山荘主人の祖父、益田勝俊氏が建てた。

11 車道をしばらく歩くと福ちゃん荘。ここから上日川峠まで並行して歩道がある

12 ロッヂ長兵衛の前から再び山道へ。古くからの峠道は雰囲気もよく歩きやすい

大菩薩峠

て道路閉鎖時のゲートの手前左に**丸川峠への林道の入口**がある。そばに駐車場があるので、マイカーの場合はここに置くのが最適である。林道歩きしばしで標識にしたがって尾根へ取り付く。

かなりの急傾斜を登るにつれて、尾根筋にブナの大木も次々に現れ、広葉樹が多いので、春秋にはことに美しい。傾斜が緩んで行く先が明るくなると、小広い高原状の**丸川峠**である。素朴なたたずまいの丸川荘がぽつんと建っている。振り返ると富士山が大きい。

小屋から頂上への道は概して尾根の北面をからんでいくので、苔むした黒い森の暗くしっとりした雰囲気がすばらしい。

登り着いた**大菩薩嶺**頂上は三角点がポツンとあるだけ。まだ北面の雰囲気を残した黒い森の中で、展望のない場所だ。しかし、あとわずかで麓からも目立つ、あの明るいカヤトの原へと飛び出す。富士山や南アルプス方面にいっきに開ける眺めは、このコースを登った人だけへのごほうびである。

眺望を楽しみながら賽《さい》ノ河原《かわら》へと下り、親不知《おやしらず》ノ頭《あたま》を越えて下った鞍部が介山荘《かいざんそう》の建つ**大菩薩峠**である。ここから上日川峠まではほぼ車道歩きとなる。

**上日川峠**から、登りがけに通った**丸川峠入口**に戻るまでは、何の心配もいらない歩きやすい道だ。今ではぐっと人影が少なくなったが、自然林の多い心和む古きよき峠道である。

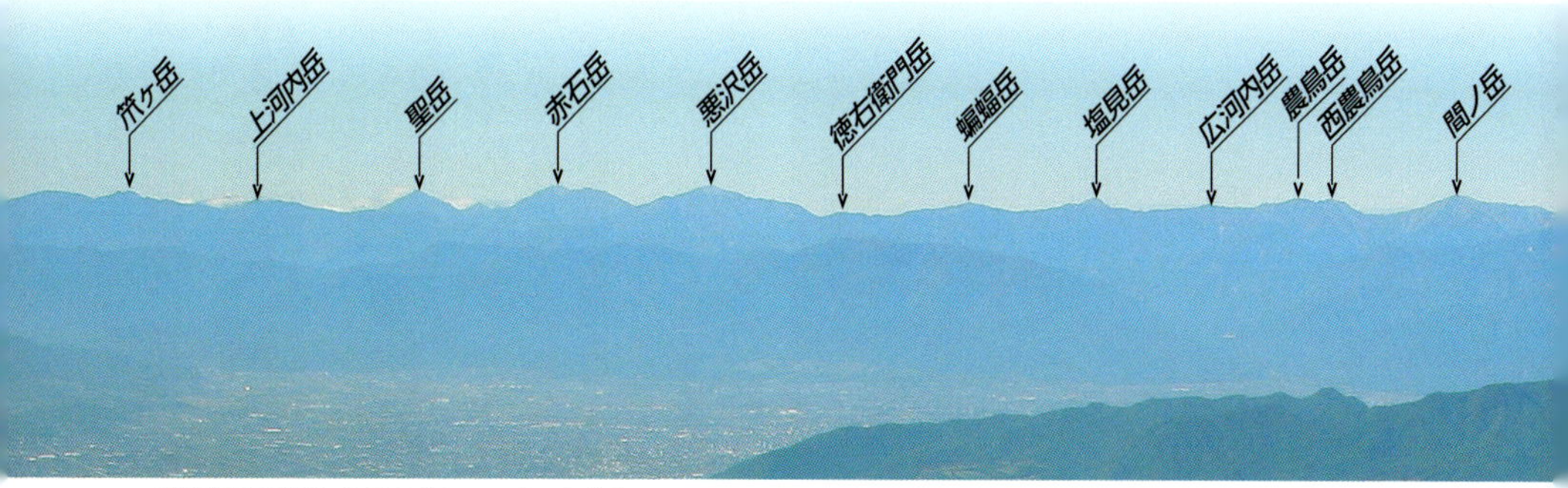


大菩薩峠付近から見る南アルプスの全容

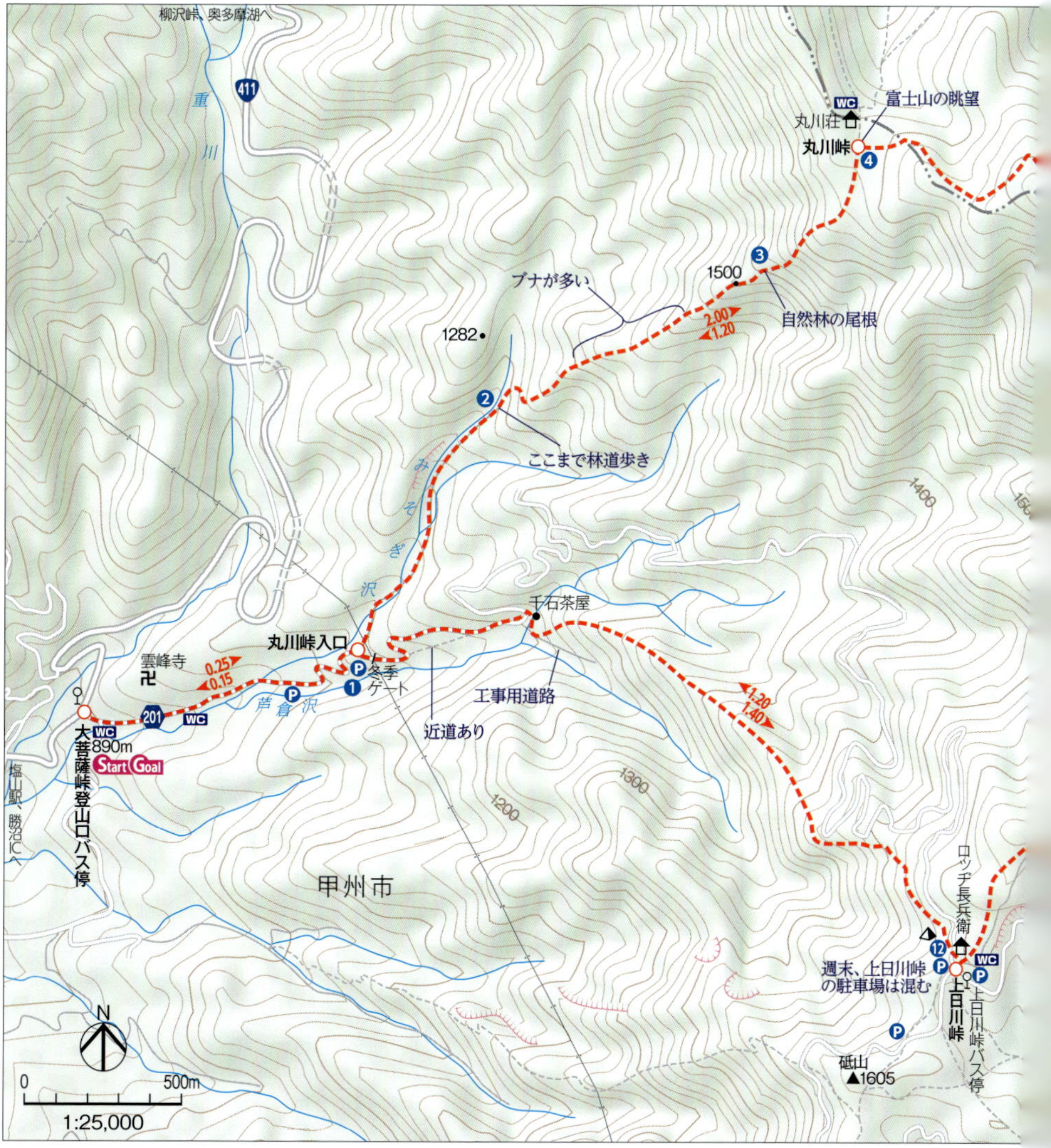

25

# 大菩薩連嶺中心部、静けさに満ちた縦走

# 小金沢連嶺

こがねざわれんれい

2014m（小金沢山）
1988m（黒岳）

日帰り

歩行時間＝6時間40分
歩行距離＝15.0km

技術度
体力度

コース定数＝**27**
標高差＝429m
累積標高差 915m 1510m

シャクナギダルから牛奥ノ雁ヶ腹摺山を振り返る

大菩薩《だいぼさつ》峠南の石丸《いしまる》峠から湯《ゆ》ノ沢《さわ》峠までの山稜を「小金沢連嶺」とよぶ。大菩薩連嶺主稜に含まれているのにこの呼称はおかしいが、すでに定着している。一度稜線に上がってしまえば、そうたいした上下もなく、しっとりした黒木の森と、展望のよい広闊なササ原が交互に現れるのを楽しみながら歩ける、大菩薩主稜では最も静けさの残った山域である。ここでは北から南に、富士山に向かう方向で歩いてみよう。甲斐大和《かいやまと》駅から上《かみ》日川《にっかわ》峠へのバス便があるので縦走しやすくなった。

山梨県森林百選に選ばれた広葉樹林を抜けて白谷ヶ丸へ

**小屋平《こやだいら》（石丸峠入口）**というバス停が文字通り石丸峠への登り口である。ここへは上日川峠からも歩道が通じている。

急登しばしで出た林道を、右へしばらく登ったところからまた山道に入る。前方に石丸峠から狼平《おおかみだいら》にかけてのササ原を望む小平地からは熊沢山《くまざわやま》の南腹を巻いて緩やかに登り、**石丸峠**に着く。すぐ南で牛《うし》ノ寝《ね》通《とお》りへの道を分け、天狗棚《てんぐだな》山《やま》という小突起を越えて狼平のササ原に出る。

小金沢山《こがねざわやま》へは尾根の西側に道がつけられている。苔むした暗い森を抜けると、明るい**小金沢山**に着く。

南に下る道は、明るいササ原や林に続き、やがて**牛奥《うしおく》ノ雁《がん》ヶ腹摺《はらすり》山《やま》**に登り着く。南側に開けた広い頂上で、富士山をはじめ、この縦走中でも屈指の好展望が得られる。

■**鉄道・バス**
往路＝JR中央本線甲斐大和駅から栄和交通バス上日川峠行き（運行日注意）に乗り、約36分の小屋平バス停下車。
復路＝やまと天目山温泉から栄和交通バス（運行日注意）で甲斐大和駅へ。所要約10分。

■**マイカー**
縦走コースのためマイカー利用には向かないが、バスの運行期間なら県道沿いに車を停め、バスを一部利用するといった工夫はできる。

■**登山適期**
新緑の5月下旬〜6月、紅葉の10月中旬が特に美しい時季。

■**アドバイス**
▽牛奥ノ雁ヶ腹摺山の頂上から西尾根を下って日川沿いの車道に出ることもできる。
▽湯ノ沢峠から下って日川沿いの県道に出ると、すぐ下にやまと天目山温泉（☎0553・48・2000）があるので、そこで入浴しながら、甲斐大和駅へのバスを待つのもよい。

■**問合せ先**
甲州市役所☎0553・32・2111、栄和交通バス☎0553・26・2344、YKタクシー塩山営業所☎0553・32・3200、甲州タクシー☎0553・33・3120

■**2万5000分ノ1地形図**
大菩薩峠

いったん南に下った鞍部からは、振り返った牛奥ノ雁ヶ腹摺山がなかなか絵になる。

森の中を登り、明るく開けると川胡桃沢《かわくるみさわ》ノ頭《あたま》で、黒岳《くろだけ》の頂稜の北端にあたる。黒木の森の中を緩く登っていくと左（東）に大峠への道を分けてすぐ、一等三角点のある**黒岳**頂上に着く。小広く伐採されているが眺めはない。山の南側の「山梨森林百選」に選ばれている広葉樹林を抜けると、この縦走最後の展望地である白谷《しろや》ヶ丸《まる》に出る。ササ原に白い砂地が点在する、巧まざる園地である。

最後の展望を楽しんだら、湯ノ沢峠まではいっきの下りである。**湯ノ沢峠**で稜線と別れ、避難小屋の前を通って焼山《やけやま》沢沿いの道を下るが、少々荒れ気味だ。やがて林道に出て、しばらく下ると湯ノ沢峠に通じる**舗装路に合流**する。約1時間下るとバスが運行する日川沿いの県道に出る。左にわずかに下ったところに**やまと天目山温泉**がある。

## CHECK POINT

バス停からすぐに急登がはじまる。林道に出たら、右にしばらく進んだところから再び山道に入る

熊沢山南面の明るい笹原を歩き、主稜線の石丸峠に着く。南側の狼平にかけてササ原が広がっている

明るい狼平から暗い針葉樹の林に入り、緩く登っていく。再び明るくなると、小金沢山の頂上だ

大峠への分岐をすぎると、刈り払われて明るくなった黒岳頂上に着く。一等三角点が置かれている

湯ノ沢峠には避難小屋やトイレがある。西側から車道が通じているのでタクシーもよべる

26

## 大菩薩連嶺の掉尾を飾る秀峰

# 滝子山

たきごやま
1610m

歩行時間＝7時間5分
歩行距離＝14・5㎞

日帰り

技術度

体力度

コース定数＝**30**

標高差＝1005m

累積標高差 ↗1240m ↘1240m

JR中央本線の初狩《はつかり》駅あたりから見る滝子山は、大菩薩嶺《だいぼさつれい》から延々と南下してきた長大な連嶺の掉尾を飾るのにふさわしい堂々たる山容である。ここでは笹子《ささご》駅を起点に頂上西に突き上げる豪快な南稜を登り、北側からズミ沢沿いに下る周遊コースを歩いてみよう。

初狩駅〜笹子駅間からの滝子山

**笹子駅**から大月方面へ国道20号を歩く。吉久保《よしくぼ》入口バス停で左折、中央本線をくぐり集落内を進み、稲村《いなむら》神社前を左折、中央自動車道を渡ると**桜《さくら》公園**である。

車道をわずかに進んで大鹿《おおしか》川を渡ったすぐ先で右に入る細い車道が**南稜の入口**だ。車道終点にある建物の脇から山道がはじまる。

滝子山山頂から見る富士山

暗い植林の道を登ると、送電鉄塔を経て**林道**を横切る。ここからが南稜前半のハイライトで、すばらしい広葉樹林が続く。緩急が交互に現れる傾斜で、実に気分よく歩ける。

標高1200メートルぐらいから傾斜が強まり、この尾根後半のハイライト、急峻な岩尾根登りがはじまる。岩を縫うようにぐいぐいと登っていく。

やがて飛び出したのが浜立《はまたて》尾根とよばれる、頂上から南西に派生する**稜線**である。右に2つのピークを越して**滝子山**頂上となる。

東西に長い頂上からは一部疎林にじゃまされるものの、まずは大展望が得られる。三角点は頂上の

■**鉄道・バス**
往路・復路＝JR中央本線笹子駅が起・終点となる。笹子駅から富士急山梨バスに乗れば、国道歩きを短縮できる（原公民館前バス停下車）。

■**マイカー**
中央自動車道を渡ったところにある桜公園に数台駐車できる。

■**登山適期**
新緑と紅葉の時季、すなわち5月中旬〜6月初旬、10月中旬〜11月初旬。

■**アドバイス**
▽南稜はかねてから寂惝（じゃくしょう）尾根と通称されている。それは麓の寂惝苑という建物に由来するのだろうが、ここでは南稜とした。迷うような心配はない尾根だが、上部は急峻な岩尾根で過去に遭難例もあり、下りには使わない方が無難。
▽笹子駅の東、国道沿いに笹一酒造がある。左党には格好のみやげ。
▽ズミ沢を下る途中、曲沢峠方面へ迂回するルートがある。これは足場の悪い沢沿いの難所を避けて高巻くもので、こちらの方が安全である。特に大雨のあとなどにはこのルートをとることをすすめる。

■**問合せ先**
大月市役所☎0554・22・2111、富士急山梨バス大月営業所☎0554・22・6600

■**2万5000分ノ1地形図**
笹子

すぐ東のピークにある。下山はその三角点ピークとの鞍部から北へ下る。

白縫《しらぬい》神社と、その前の鎮西《ちんぜい》ヶ池とよばれる水たまりを通りすぎ、大谷《おおや》ヶ丸《まる》との分岐からは広い防火線を歩く。広くて気持ちのいい防火線は1446㍍ピークの東鞍部まで続き、笹子へはこのピークを北から巻いてズミ沢の源流部へ出て右岸に沿って下る。途中、沢沿いと、沢の高みを迂回する道とが分かれるが、迂回する道を歩いた方が安全。曲沢《まがりさわ》峠方面へはこの迂回路の途中に**分岐**がある。下流部で迂回路と沢沿いの道が合流してから、沢を2度渡り返し、**道証《みちあかし》地蔵**で車道に出る。車道を下ると**南稜入口**に戻る。

## CHECK POINT

1 桜公園の先で車道が橋を渡ってすぐ、右に入っていく道が南稜入口である。標識が不備なので注意

2 林道を横切って美しい広葉樹林の中を登る。やがて傾斜が強まると露岩帯の登りがはじまる

3 滝子山頂上は、灌木がのびて眺めを少し隠しているが、南に富士山、北に大菩薩連嶺を望むことができる

4 三角点ピークとの鞍部から北へと下ると、白縫神社と鎮西ヶ池がある。為朝伝説にちなむ名前だという

5 正面に大きく見える大谷ヶ丸への分岐をすぎると明るい防火線で、足まかせに気分よく下れる

6 防火線が終わると山の北側の美しい林の下を歩いて沢の上流部に出る。ここからはほぼ沢に沿って下る

7 ズミ沢右岸の道から、橋を渡って左岸へと移る。あたりはヒノキの植林地になっている

8 ズミ沢左岸の高みをしばらく歩いたのち、再び右岸に渡ると車道に出る。車道との出合に道証地蔵がある

27

奥秩父東端の峻峰を結んで歩く

# 雲取山・飛龍山

一泊二日

くもとりやま　2017m
ひりゅうさん　2077m

1日目　歩行時間＝5時間45分　歩行距離＝12.0km
2日目　歩行時間＝9時間5分　歩行距離＝22.2km

技術度
体力度

コース定数＝**70**

標高差＝1537m

累積標高差　↗3110m　↘3085m

雲取山山頂

東京都の最高峰としてあまりにも有名な雲取山だが、山梨県にもまたがっていることを忘れてもらっては困る。おそらく最も登られている鴨沢《かもさわ》からの登山道も、半分以上は山梨県内にある。それを登って雲取山荘に一泊し、翌日は飛龍山に登ることにしよう。

**第1日　鴨沢**の国道から続く細い車道を登ると、やがて歩道が分岐する。再び車道と出合う場所が**小袖乗越**《こそで》で駐車場がある。小袖集落へ続く車道をしばしで山道に入り、尾根の東側を延々と緩く高度を上げていく。

**堂所**《どうどころ》をすぎてしばらくで傾斜が強くなり、背後に富士山が見えてくる。七《なな》ツ石山《いしやま》の巻道を分けると、ひと登りで**七ツ石小屋**に着く。その先でも巻道を分ける。山名の由来になった大きな岩や荒れた神社を横に見ながら**七ツ石山**の頂上に着くと、やっと雲取山が前方に姿を現す。

ここから頂上への石《いし》尾根がこのコースのハイライトで、広く切られた明るい防火線を登っていく。**奥多摩小屋跡**をすぎて、小雲取山《こくもとりやま》の登りは疲れた足にはつらいが、これを越えればすぐそこに頂上避難小屋が見える。**雲取山**頂上の展

**■鉄道・バス**
往路＝JR青梅線奥多摩駅から西東京バス約33分で鴨沢バス停下車。
復路＝お祭バス停から西東京バス約37分で奥多摩駅へ。奥多摩湖方面に徒歩25分の鴨沢西バス停まで行けば、利用できるバス便は増える。

**■マイカー**
圏央道日の出ICから約43キロ、小袖乗越に村営駐車場がある。

**■登山適期**
新緑の5～6月。紅葉の10～11月が最もよいだろう。

**■アドバイス**
▽雲取山は実に多くの整備された登路がある。それらの組み合わせでプランはよりどりみどりである。ここに紹介したのはその中のひとつにすぎない。
▽2025年内の開業を目標に、旧雲取奥多摩小屋付近にキャンプ場の整備が進められている。
▽丹波山の「のめこい湯」は泉質がおすすめの温泉である。

**■問合せ先**
丹波山村役場☎0428・88・0211、三条の湯☎0428・88・0616、雲取山荘☎0494・23・3338、七ツ石小屋☎090・8815・1597、丹波山温泉のめこい湯☎0428・88・0026

**■2万5000分ノ1地形図**
丹波・雲取山

雲取山への最後の登り

## CHECK POINT

奥多摩湖岸の青梅街道に沿った鴨沢集落が登山口。バス停やトイレがある

鴨沢集落内の車道から山道に入る。再び車道に出ると丹波山村営駐車場がある

傾斜は緩いが、やや単調な山腹のトラバースが延々と堂所まで続く

鴨沢から標高差1200メートルを登った七ツ石山で初めて雲取山が姿を見せる

七ツ石山から頂上にかけての防火線の登りがこのコースのハイライトだ

雲取山の頂上から北へ暗い森を20分、丸木造りの雲取山荘が今宵の宿である

再び雲取山に登り、主稜線を西に三条ダルミへと下る。ここから三条の湯へ下山もできる

狼平まではほとんど平坦な道だが、ここから登りになり、道も険しくなる

三ツ山から飛龍山にかけて、高度感のある桟道が多い。すれ違いには特に注意

飛龍権現からシャクナゲをかきわけるように登って飛龍山に着く。展望はない

北天のタルから三条の湯にかけて、足場の悪いトラバースが多い

後山林道終点。ここから国道まで、10キロ近くに及ぶ林道歩きがはじまる

北天のタル手前からの飛龍山

三条の湯に泊まるとさらに計画はひろがる

望を楽しんだら、**雲取山荘**へは頂上から北へと黒い森を下る。

**第2日**　早朝の**雲取山**山頂からの展望は山に泊まった者への贈り物である。楽しんだあとは**三条**《さんじょう》**ダルミ**に下って、三条の湯への道を分け、西へと縦走路を進む。縦走路といっても稜線上のピークはことごとく南側を巻いていく。**狼平**《おおかみだいら》をすぎ、三《み》ツ山《やま》からは高さのある桟道が連続し、足もとはおろそかにできない。

飛龍山の北東の鞍部にあたる**北**《ほく》**天**《てん》**のタル**で三条の湯への道を分け、さらに桟道をいくつも歩いて飛龍山の南を巻いていく。途中飛龍山へ近道できる分岐があるが、そのまま進んで、まだ新しい石の祠がある**飛龍権現**に着く。ここから**飛龍山**へは尾根伝いにシャクナゲを分けるように進む。最高点は何の標示もない森の中で、三角点はその先の少し低いところにある。

帰りは三角点のわずかに東から赤テープに導かれて下れば、往路で通りすぎた分岐に出る。左に**北天のタル**へ戻り、三条の湯へ下る。迷うこともない一本道だが、足もとの悪いトラバースが多いので、気を抜けない。

**三条の湯**からは、沢の高みを歩いて後山《うしろやま》林道に出れば、あとは長く単調な林道歩きで**お祭**《まつり》**バス停**へ。

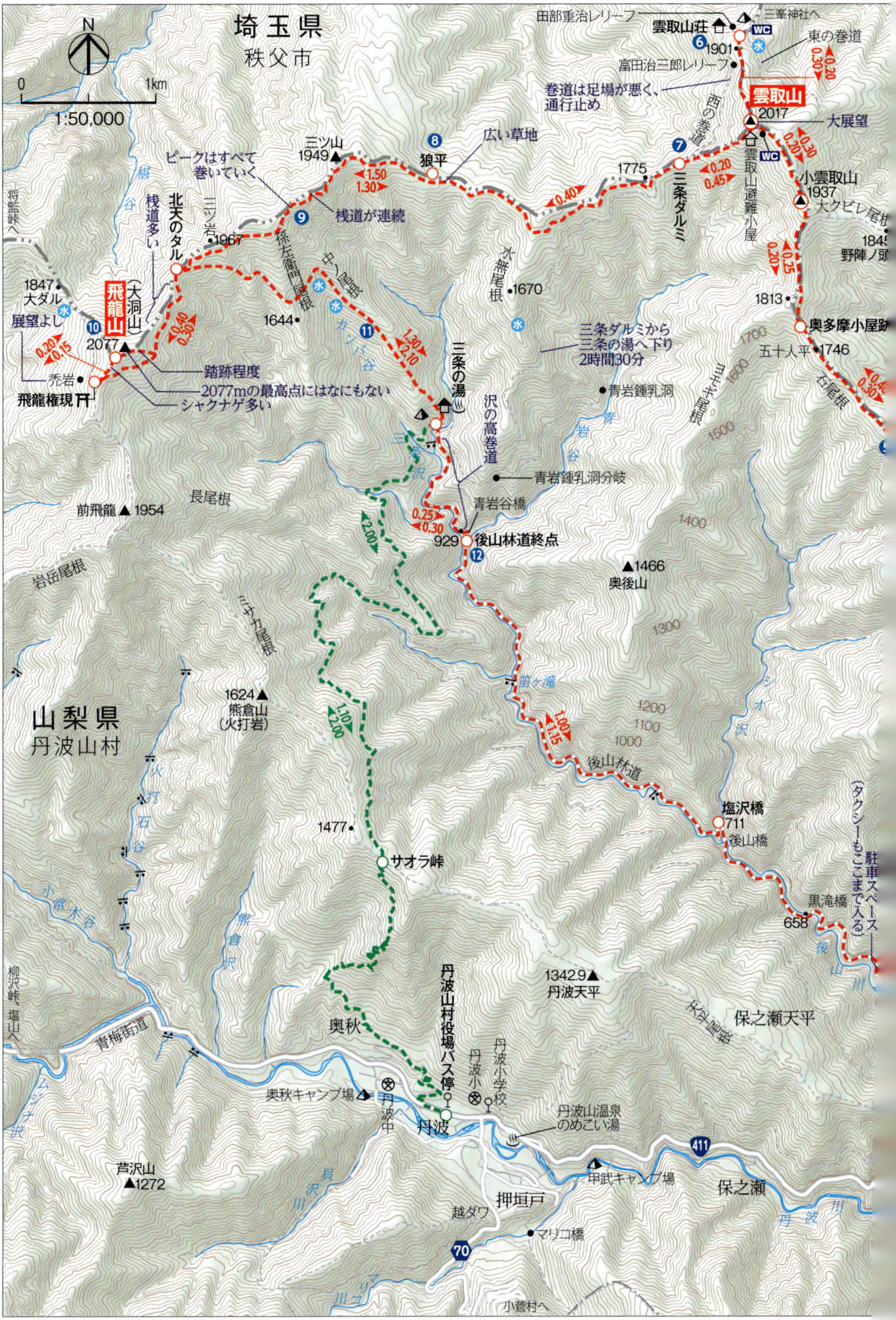

埼玉県
秩父市
山梨県
丹波山村
1:50,000
雲取山
2017
大展望
雲取山荘
1901
三峯神社へ
田部重治レリーフ
富田治三郎レリーフ
東の巻道
巻道は足場が悪く、通行止め
西の巻道
雲取山避難小屋
小雲取山
1937
大クビレ尾根
三条ダルミ
1775
広い草地
狼平
三ツ山
1949
ピークはすべて巻いていく
桟道が連続
北天のタル
三ツ岩
1967
桟道多い
飛龍山
（大洞山）
2077
1847
大ダル
展望よし
禿岩
飛龍権現
踏跡程度
2077mの最高点にはなにもない
シャクナゲ多い
孫左衛門尾根
1644
水無尾根
1670
三条ダルミから三条の湯へ下り2時間30分
三条の湯
沢の高巻道
青岩鍾乳洞
青岩鍾乳洞分岐
青岩谷橋
929
後山林道終点
1813
奥多摩小屋跡
五十人平
1746
石尾根
前飛龍
1954
長尾根
岩岳尾根
ミサカ尾根
1466
奥後山
1624
熊倉山
（火打岩）
笹ヶ滝
後山林道
塩沢橋
711
後山橋
黒滝橋
658
駐車スペース（タクシーもここまで入る）
1477
サオラ峠
1342.9
丹波天平
保之瀬天平
奥秋
丹波山村役場バス停
丹波小
丹波小学校
奥秋キャンプ場
丹波中
丹波
丹波山温泉のめこい湯
甲武キャンプ場
保之瀬
411
青梅街道
芦沢山
1272
押垣戸
越ダワ
マリコ橋
70
小菅村へ
柳沢峠、塩山へ

# 28

## 奥秩父のへそから日本三大峠のひとつ雁坂峠へ縦走する

# 甲武信岳《こぶしだけ》

2475m

**一泊二日**

1日目　歩行時間＝5時間30分　歩行距離＝7.7km

2日目　歩行時間＝6時間20分　歩行距離＝14.1km

技術度
体力度

コース定数＝**52**

標高差＝1370m

累積標高差　↗2250m　↘2250m

↑木賊山の下りからの甲武信岳

←甲武信岳山頂からの富士

甲武信岳は名の知られた山のわりに山容は小粒で、他の山に隠されて県内の平地から指摘できる場所は少ない。だが、この奥秩父のヘソにあたる頂上からの展望は特筆すべきで、南に大きい富士山はもとより、西側に日本の屋根というべき北・中・南アルプスに加えて、それに次ぐ高さを持つ八《やつ》ヶ岳《たけ》までが勢ぞろいするのは圧巻である。西沢《にしざわ》渓谷入口を基点として甲武信岳と雁坂《かりさか》峠を山中一泊で縦走してみよう。

**第1日**　東沢《ひがしさわ》山荘前の**西沢渓谷入口バス停**から笛吹《ふえふき》川沿いの車道を歩く。やがて登山口の大きな標識があるが、このヌク沢の左岸の高みに続く**近丸《ちかまる》新道**は、崩壊が進んでいるのと、沢にかかる橋が流されていることが多いので、車道をもう少し進んで沢を渡ったところに入口が

■**鉄道・バス**
往路・復路＝JR中央本線塩山駅から山梨交通バス（運行日注意）、または同線山梨市駅から山梨市民バスで西沢渓谷入口バス停下車。

■**マイカー**
中央自動車道勝沼ICから約26㌔で西沢渓谷入口の駐車場へ。

■**登山適期**
6～10月がシーズン。5月下旬～6月初旬、シャクナゲの花期がいちばんよいが、雪の多い年だと主稜線にはまだ残雪がある。

■**アドバイス**
▽徳ちゃん新道入口から西沢渓谷方面へ少し進むと田部重治の碑がある。
▽西沢渓谷入口付近にはかなり広い駐車場があるが、紅葉シーズンにはあふれかえる。
▽甲武信小屋はゴールデンウィークごろ～11月30日と年末年始の営業。150人収容。☎090・3337・8947（現地）

■**問合せ先**
山梨市役所（市民バスも）☎0553・22・1111、山梨交通バス☎0553・33・3141

■**2万5000分ノ1地形図**
雁坂峠・金峰山

甲武信岳から西を望む。左から国師ヶ岳、白峰三山をはさんで、右端は金峰山と甲斐駒ヶ岳

ある**徳《とく》ちゃん新道**を登るのが安全である。戸《と》渡《わたり》尾根を末端からひたすら登ることになる。あたりにシャクナゲが多くなり、**近丸新道を**

## CHECK POINT

東沢山荘横に西沢渓谷入口バス停がある。ここから西沢渓谷への車道を歩く

近丸新道入口。崩壊が進んでいるので、より安全な徳ちゃん新道を登ろう

近丸新道入口を行きすぎ、ヌク沢を渡ってすぐに徳ちゃん新道入口がある

あたりにシャクナゲが多くなり、標高1869㍍地点で近丸新道と合流する

シャクナゲが少なくなると今度はシラビソ林の中をひたすらの急登が続く

登りで唯一眺めが開ける露岩帯まで達すると傾斜も緩み、主稜線までは近い

主稜線を西に登れば木賊山の頂上である。山頂のわずか西で展望が開ける

木賊山と甲武信岳の鞍部に甲武信小屋がある。手続きを済ませて登頂しよう

好天なら朝の展望を楽しみたいところだが、木賊山は北側に巻道がある

えぐられて歩きにくい道を下ると、賽の河原と呼ばれる白ザレに出る

破風山との鞍部が笹平で、名前通りの笹原。頑丈な避難小屋が建っている

屋根型をしているので破風山の名前がある。屋根の西の端が西破風山である

展望のよい露岩帯を経て緩く下り、わずかに登り返すと東破風山に着く

雁坂峠から、ササ原を大きくジグザグを切って下り、峠沢に降り立つ

峠沢を左岸に渡ると、沢床の道からだんだん沢の高みを歩くようになる

ナメラ沢下降点を見てまもなく車道に出る。あとは西沢渓谷入口まで車道歩き

明るいササ原が広がる雁坂峠

**合わせた**あたりでやっと道半ばである。シャクナゲの林が終わるといかにも奥秩父らしい黒木の森に急登が続く。やっと傾斜の緩むころ、眺めのよい岩場がある。

甲武信岳山頂

主稜線に出て左にわずかで**木賊《とくさ》山《やま》**に着く。山頂からの眺めはないが、**甲武信小屋**へ下る途中のザレ場からは甲武信岳がすばらしい山容を見せる。小屋に着いたら手続きをすませて**甲武信岳**山頂へ。

**第2日**　木賊山の巻道が主稜線の縦走路と**合流**してから長い下りがはじまる。

鞍部に建つ笹平《ささだいら》避難小屋からは下った分と同じくらいを登り返すことになる。西破風山《にしはふさん》が近づいてくると露岩も現れ、展望もきく。**西破風山**の頂上は樹林帯だが、東破風山との間にはまた露岩帯もあって展望が楽しめる。

東《ひがし》破風山からは北向きに方向を変えていったん急に下ったのち、立ち枯れが多く明るい道を緩やかに登って**雁坂嶺《かりさかれい》**に着く。ここから雁坂峠へは緩い下りである。南側が明るいササ原になると**雁坂峠**に着く。

雁坂峠からは古い峠道だけあって歩きやすい。大きくジグザグをきってササ原を下っていく。峠《とうげ》沢に下り立ってからは少々踏跡が怪しくなることもあるが、目印は多い。左岸に渡ると、やがて沢の高みを歩くようになり、工事用林道の終点に着く。この車道は**雁坂トンネル料金所**で国道に合流するので、あとは国道を歩いて**西沢渓谷入口バス停**に戻る。

甲武信岳
2475
甲武信小屋
木賊山
2469
十文字峠へ
大弛峠、金峰山へ
賽ノ河原
笹平（破不山）避難小屋
2141
笹平
西破風山
2318
東破風山
2180
2111
戸渡尾根
2177
鶏冠尾根
合流点
1869
鶏冠山
2115
徳ちゃん新道
近丸新道
増水時注意
1619
堰堤
山梨県
山梨市
鶏冠谷
ヌク沢
1446
五月笹尾根
ナメラ沢
沓切沢橋
久渡沢
東沢
ヒツ釜五段ノ滝
三重ノ滝
魚留ノ滝
大久保沢
西沢山荘（休業中）
田部重治碑
近丸新道登山口
徳ちゃん新道登山口
音取大橋北詰
ナレイ沢橋
ナレイ沢
音取大橋
1136
東沢山荘
国道をショートカットできる道
石楠花橋
料金所
西沢大橋
西沢渓谷入口バス停
1105m
Start Goal
WC
広瀬トンネル
鶏冠山大橋
140
道の駅「みとみ」
雁坂峠入口
久渡沢橋
村営釣場
塩山駅、山梨市駅、勝沼ICへ
終点
西沢渓谷
軌道跡
西沢
1278
1768
紅葉台

29

# 都民の水がめ、多摩川水源の山々を縦走する
# 笠取山・唐松尾山

かさとりやま　1953m
からまつおやま　2109m

日帰り

歩行時間＝7時間20分
歩行距離＝16・0km

技術度
体力度

| | |
|---|---|
| コース定数 | ＝**32** |
| 標高差 | ＝799m |
| 累積標高差 | ↗1315m ↘1315m |

丹波《たば》川左岸の甲相国境にある山々は、「東京都水源林」として管理され、県内でも屈指の美しい森をもつ。その中にある笠取山は麓に雁《がん》峠周辺の広闊な草原をもち、きれいな円錐形の山容や、その裾に多摩川の最初の一滴を落とす水干《みずひ》があることからも人気がある。しかし、この山域の最高峰、重厚な原生林に覆われた唐松尾山を訪れる人は比較的少ない。この二山を結んで歩いてみよう。

公共交通機関はないため、マイカーかタクシーを利用するしかない。今では舗装された林道が一ノ瀬《いちのせ》のさらに奥まで通じており、**作《さく》場平《ばだいら》橋**のそばには大きな駐車場がある。

笠取小屋へは登山道というよりは遊歩道といってもいいくらい整備されていて、何の心配もなく歩ける。途中の分岐からヤブ沢峠経由でも登れるが、そのまま一休坂《いっきゅうざか》を登ると水場を経て**笠取小屋**に着く。

笠取小屋から広い道を登ると、やがて雁峠周辺に広がる草原と、笠取山の優美な裾をひいた姿が現れる。振り返ると大菩薩嶺《だいぼさつれい》の意外に鋭い三角錐と富士山が並んでいる。水干への巻道を分け、笠取山への一直線の登りがはじまる。

**笠取山**の頂稜は小さな3つのコブからなり、登りつめた西端のピークに「山梨百名山」の標柱が立っている。中央のピークが最高点だが、眺めはこちらの方がよい。西へ連なる奥秩父《おくちちぶ》主稜の重厚さが圧巻である。中央のピークから東のピークにかけてシャクナゲが多い。東のピークからはいったん南に急に下って水干からの道を合わせる。水干まではほんのわずかだから往復してくるとよい。

しばらくはササ原にカラマツを配した高原風の場所を歩き、黒《くろ》槐《えんじゅ》ノ頭付近で県境稜線に出る。このあたりから、いかにも奥秩父らしい原生林の尾根歩きとなる。標高点2044メートルからの下りで大きな唐松尾山が目の前に現れる。

鞍部から約100メートルの登りで**唐松尾山**に着く。森の中にぽつんと三角点があるだけのところだが、北に少し行けば岩場があって、大

■鉄道・バス
利用できる公共交通機関はない。
■マイカー
東京方面からは圏央道日の出ICから青梅街道を走り、約69キロ。山梨県側からは勝沼ICから約37キロで作場平。作場平橋のそばに駐車場がある。
■登山適期
5月中旬～11月。5月下旬と10月中

きな展望が得られる。

　下りはじめは県境上をなぞっていた道は、やがて南の山腹に下っていき、御殿岩《ごてんいわ》への踏跡を分ける。御殿岩はこのあたりでは唯一といってもよいほど、周囲すべてに展望のきくピークだから、時間が許すなら往復するのもよいだろう。

　ガレ場を数回横切って下り着いた**山《やま》の神土《かんど》**は、牛王院平《ごおういんだいら》とよばれる将監《しょうげん》峠の西側に広がる高原地帯の北の端にあたり、笠取小屋への水源林道と和名倉山《わなくらやま》への道を左右に分ける。直進してわずかで将監峠への道と別れて七《なな》ツ石《いし》尾根へ進むと、鹿柵の出入りがある。植林のカラマツの中、広く刈り払われた道は傾斜もほどよく、気分よく下れる。

　下るほどに自然林も多くなって、やがて将監峠からの車道を合わせ、**三《さん》ノ瀬《せ》**の民家の脇で舗装路に出る。右に車道を歩いて**作場平橋**へ戻る。

縦走路から唐松尾山（左）方面を望む。（中央奥、雲取山　右、飛龍山）

## CHECK POINT

1 作場平駐車場へは、犬切峠経由より、一之瀬川沿いの車道から入った方が道路状況はよい

2 一休坂分岐からヤブ沢沿いにも登れる。笠取山の往復だけなら行き帰りで違うコースをとればいいだろう

3 笠取小屋から笠取山方面にかけては高原状になった広い稜線である。ここに一泊行程なら余裕ができる

4 広い道を緩く登っていくと雁峠分岐に着く。この先の丘が、多摩川、富士川、荒川の分水嶺だという

5 笠取山の登りは短いが急登だ。東西に長い頂上の最高点は東の端だが、展望があるのは西の端である

6 シャクナゲに囲まれた唐松尾山の頂上は展望はないが、少し北へ移動すると、北東方面の展望が得られる

7 牛王院平は雁峠付近とともに、奥秩父には珍しい高原状の地形である。鹿柵の中を歩いて三ノ瀬へ向かう

8 七ツ石尾根を下ると将監峠からの道と合流し、三ノ瀬の民家の脇に出る。作場平までは車道歩きである

旬あたりが最も森が美しい。

■アドバイス
▽日帰りでは少々忙しいので、笠取小屋に一泊するとよい。
▽牛王院平から将監峠へ出て下ってもよい。雁峠付近とはまた違った雰囲気の高原が楽しめる。三ノ瀬へは少々遠回りになる。
▽時間に余裕がない場合は唐松尾山を割愛し、笠取山から水源林道まで下り、黒槐尾根をたどって中島川口へ出る。車道を作場平へ戻ればよい。
▽笠取山直下から山の神土まで、山の南側を巻いて続く水源歩道は、中島川口の分岐まではよく整備されているが、それより東では水害で荒れていることがある。沢をいくつもまたぐので飲料水の心配はない。笠取小屋から山の神土まで3時間弱。
▽奥多摩方面へ帰る場合は丹波山温泉のめこい湯（☎0428・88・0026）、塩山方面なら大菩薩の湯（☎0553・32・4126）がある。

■問合せ先
甲州市役所☎0553・32・2111、笠取小屋☎0553・33・9888、YKタクシー塩山営業所☎0553・32・3200、甲州タクシー塩山営業所☎0553・33・3120

■2万5000分ノ1地形図
雁坂峠

山梨市
甲州市
埼玉県
秩父市
丹波山村
雁坂峠へ
ヤブ沢峠
1802
1705
1662
1493
笠取小屋
1832
雁峠
雁峠分岐
西端ピークの眺めがよい
展望
0.50
0.30
笠取山
1953
1809
水干
多摩川の水源
水源巡視路
一休坂
一休坂分岐
ヤブ沢
本谷
1:30
作場平橋
1310m
Start Goal
WC
1455
黒槐尾根
1887
黒槐ノ頭
2024
1465
中島川口
1300
0.50
国道411号へ
一ノ瀬
1400
1500
1600
1700
1800
1900
2000
1464
2044
唐松尾山が大きく見える
2.00
1:30
三ノ瀬
二ノ瀬
2109
唐松尾山
三角点からの展望はない
北にしばらく行くと展望が開ける
1445
1742
1538
1611
1:20
2:00
1806
0.50
1:10
御殿岩
2075
山域随一の展望。往復約50分
1860
牛王院平
山の神土
将監峠
将監小屋
鹿柵あり
和名倉山へ
飛龍山へ
1:35,000
0
500m
N

30

## 甲斐の北鎮、奥秩父の盟主に登る最も楽なコース

# 金峰山

きんぷさん
2599m

日帰り

歩行時間＝4時間30分
歩行距離＝8.0km

技術度
体力度

| | |
|---|---|
| コース定数 | ＝16 |
| 標高差 | ＝236m |
| 累積標高差 | ↗536m ↘536m |

誰しもが認める奥秩父《おくちちぶ》山地の盟主・金峰山は、県都・甲府市の最高峰でもある。甲府駅あたりからは前山に隠れて見えないが、その大きな山体は、頂点に置かれた五《ご》丈岩《じょういわ》を目印に、県内のいたるところから甲斐の北鎮にふさわしい姿を指摘できる。

現在、奥秩父の盟主・金峰山に登るのに最も人気があるのが大《おお》弛《だるみ》峠からのルートだろう。車で約2360メートルまで登ることができるのだから無理もない。

**大弛峠**から西へ、シラビ

北杜市武川町からの金峰山は実に美しい金字塔だ

朝日岳付近からの五丈岩。遠景は左から仙丈ヶ岳と甲斐駒ヶ岳

■鉄道・バス
往路・復路＝JR中央本線塩山駅から栄和交通の登山ツアーバスで大弛峠へ（約1時間25分）。ツアーバスは6月～10月下旬の土・日曜、祝日運行で、ホームページから要予約。平日は塩山駅からタクシー利用となる（約1時間10分・約1万6000円）。

■マイカー
中央自動車道勝沼ICから約43キロ。大弛峠の駐車場は約50台が駐車できる。信州側の林道は悪路なので不用意に立ち入らないこと。春秋の休日には大弛峠は車であふれ、ずっと下まで縦列駐車になることがあるので早着は必須。大弛峠に前泊して駐車場を確保する方法もある。

■登山適期
5月中旬～11月初旬。奥秩父にしては珍しく真夏の似合う山だと思うが、これは私の好みかもしれない。大弛峠への車道が通行できるのは、6月から11月初旬。したがって、その間がこのコースの場合は登山適期となる。

■アドバイス
▽公共交通機関を利用するなら、西麓の瑞牆山荘から、北麓の廻り目平からのコースを利用するとよい。
▽山頂北側直下に金峰山小屋があるので、午後に大弛峠を出発し、山中1泊で、山頂で日没や日の出を拝するのもおもしろい。

頂上からの南アルプス白峰三山。展望は抜群だ

五丈岩。この岩が頂上にあるおかげで、金峰山はどこからでも指摘できる

ソ林の中に通じる道に入る。しばらくは平坦だが、やがて木段のある急坂となる。樹林帯のいくつかの小突起を上下して**朝日《あさひ》峠**に下り着く。

登りに転じ、小さな突起を越えると、短い間だが、眺めのよい岩尾根となる。やがて再び樹林帯となるが、シラビソの立ち枯れが多い明るい道である。ほどなく**朝日岳《あさひだけ》**に着く。頂上の西端からは、目指す金峰山の五丈岩が

▽今は大弛峠からの入山者が圧倒的に多いので、瑞牆山荘や廻り目平から登る場合、大弛峠への車道が通行止めの時期に登れば静かな頂上が楽しめるということになる。残雪のほぼ消えた5月後半あたりがねらい目である。

▽タクシーなどで入山した場合、帰りは瑞牆山荘へ下ったほうが交通の便がよい。

■問合せ先
山梨市役所☎0553・22・1111、甲府市役所☎055・237・5702、栄和交通☎0553・26・4546、YK塩山タクシー☎0553・32・3200、大弛小屋☎090・7605・8549、金峰山小屋☎090・4931・1998

■2万5000分ノ1地形図
瑞牆山・金峰山

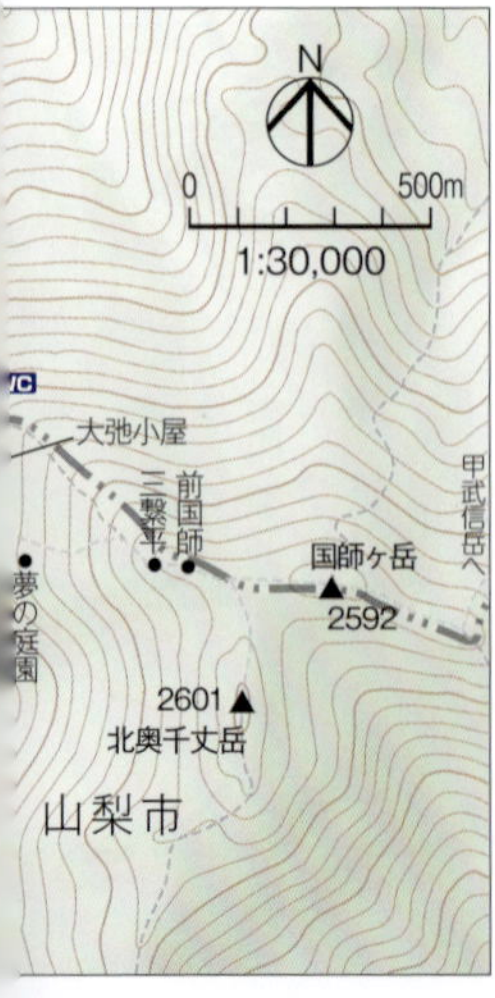

斜めに突き出した牛の角のように見え、鉄山《くろがねやま》と金峰山を結ぶなだらかな鞍部には白峰《しらね》三山が並ぶ。

朝日岳から、すべりやすい道をジグザグにいったん急に下る。やはり立ち枯れたシラビソが多い中、小さな突起を越えて、さらに緩く下っていく。下り着いて登りに転じ、鉄山の北側を巻くと、あたりにハイマツが現れ、いよいよ最後の登りである。

頂稜の東端からは頂上へと白い砂礫の道がなだらかに続いている。奥秩父ではほとんど唯一の、森林限界を抜いた高山的な光景である。このあたりは賽《さい》の河原《かわら》とよばれ、大きなケルンがいくつもある。

やがて大岩から大岩へと伝ったのち、**金峰山**の頂上三角点を見出す。最高点はその北東の岩のてっぺんである。目の前にある五丈岩の南の基部にはかつての宗教登山の遺構がある。頂上は広いので、四囲の風景も歩き回って楽しむことになるだろう。

帰りは往路を忠実に戻る。

## CHECK POINT

1 大弛峠駐車場。道路脇の駐車するので、それほどスペースは広くない。春秋の休日にはごった返す

2 大弛峠から林の中を急に登り、一山越えた鞍部が朝日峠だが、すでに峠道はほぼ廃道である

3 朝日峠から登ると岩の稜線になり展望が開ける。振り返ると国師ヶ岳が大きい

4 立ち枯れの木が多い稜線を朝日岳まで登ると、行く手に五丈岩が見え、その向こうには南アルプスが並ぶ

5 鉄山は北側を巻いて緩く登っていくと、あたりにハイマツが増えてきて、森林限界を越える

6 五丈岩は広い頂上の西の端にある。南の岩陰にはかつて籠り堂があったという石垣や石灯籠が残っている

7 瑞牆山と八ヶ岳。400メートル低いだけなのに、金峰山から見下ろす瑞牆山は小さな岩山にしか見えない

8 三角点の標高がかつての金峰山の標高で、その横にもっと高い所があったため4メートル高くなった

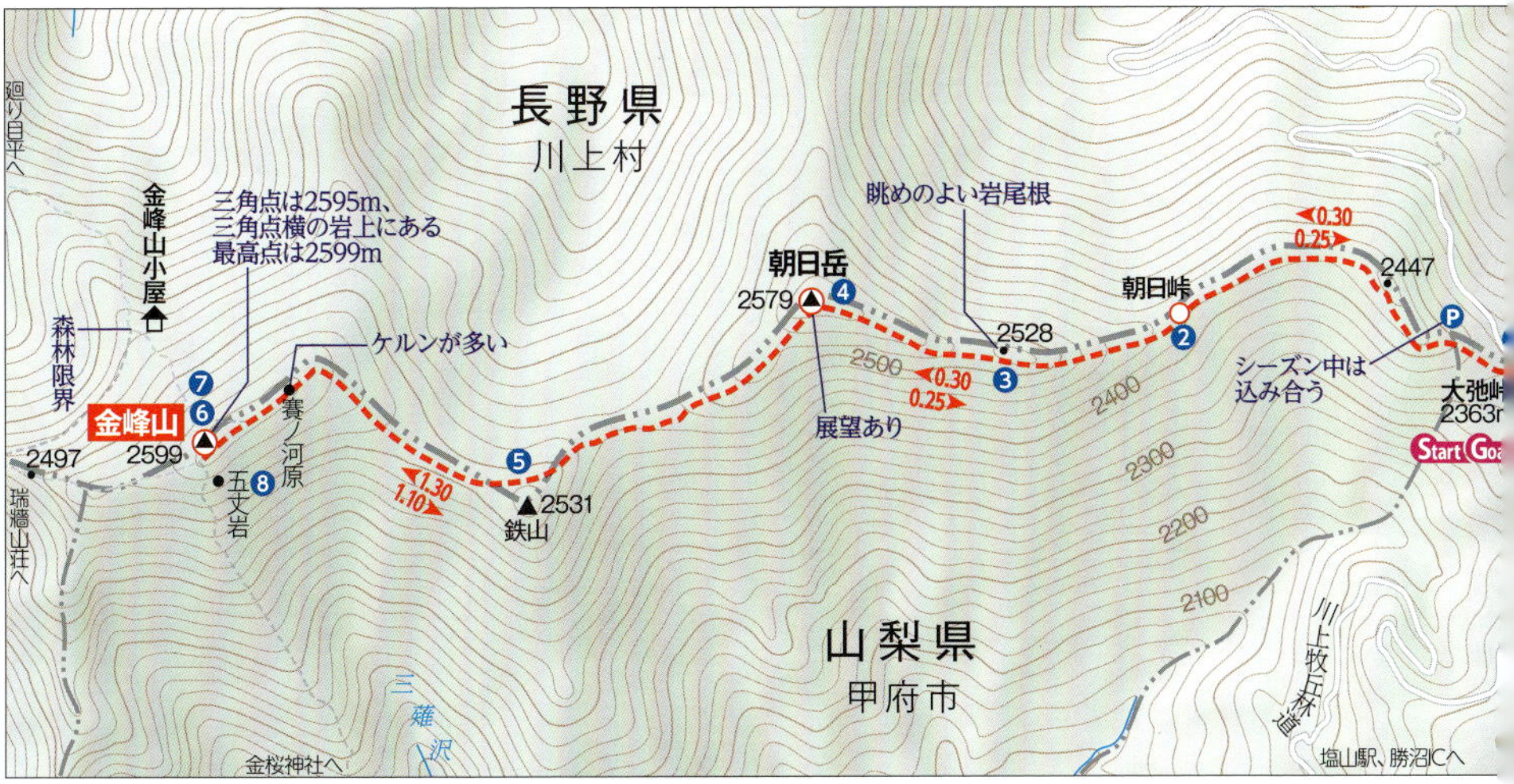

31

# 小川山

## 最も奥秩父らしい黒木の森を登る

日帰り

おがわやま
2418m

歩行時間＝8時間10分
歩行距離＝12・0km

技術度

体力度

| コース定数＝30 | |
|---|---|
| 標高差＝2267m | |
| 累積標高差 | ↗1085m ↘1085m |

瑞牆山からの小川山

うっそうとした森林を歩く

奥秩父《おくちちぶ》のイメージがいつのまにか私の中にすりこまれている。「古来斧鉞《ふえつ》の入らない黒木の森、鈍重な、しかし重厚なマッス」……その典型が小川山である。東麓に有数のクライミングゲレンデがあるせいで、いかにも地味な頂上は忘れられがちで、古来の静寂を保ったままなのはうれしい。

**瑞牆《みずがき》山荘**前からしばらくは金峰《きんぷ》山《さん》や瑞牆山《みずがきやま》への登山道と同じである。**富士見平**《ふじみだいら》で金峰山への道を分け、なおも瑞牆山方向へ進む。瑞牆山への登山道が天鳥《あまどり》川へ下降する地点に**小川山への分岐**がある。

飯森山《めしもりやま》の北側を巻く道はか細いが、迷うようなところはない。左下に遠く天鳥川の沢音を聞きながら歩く。やがて沢に近づき、右岸に渡ると、かつて造林小屋のあった、ひと休みしたくなる気分のよい平地がある。

道はまた左岸に戻って続く。あたりはまだ若い森だが、それでも、もうしっとりと苔むした地面をつくっている。柔らかな苔を踏んで**八丁平**《はっちょうだいら》に着く。

八丁平からは北へ向き変え、日本の中央分水嶺でもある甲信県境の稜線をたどる。

西に瑞牆山への尾根を派生する地点の少し手前の岩峰が、まず最初の展望場所。すでに瑞牆山は同じくらいの高さだ。地図上の2290《メートル》標高点は西から巻けるが、ここも大展望が得られる場所である。

2347《メートル》標高点の少し手前で3度目の展望が開ける。こんもりとした小川山が間近に迫り、瑞牆山はもう北面を見せている。

N
0
500m
1:25,000
1962
2171
1848
2199
2200
小川山林道
不動沢
不動滝
大又里沢
ピークの西側を巻く
眺めのよい露岩
黒木の森が続く
巻道あり
眺めのよいピーク
2100
1813
2062
2000
1900
山梨県
北杜市
1801
2230
瑞牆山
2213
眺めのよい岩峰
2.30
1.50
天鳥川
1800
1700
1600
1583
2062
沢を渡る
明るい平地
八丁平
2058
造林小屋跡
沢を渡る
1.00
0.40
小川山分岐
0.20
県道610号、黒森へ
飯森山
2116
大日小屋
金峰山里宮
1722
富士見平
富士見平小屋
0.50
0.40
1482
1844
2201
大日岩
瑞牆山荘
1515m
Start Goal
富士見林道
2092
鷹見岩
金山峠
増富の湯、県道23号へ
1616

廻《まわ》り目《め》平《だいら》からの登路を合わせると、わずかで**小川山**山頂である。シャクナゲに囲まれた小さな切り開きにぽつんと三角点があるだけで、長く歩いたわりにはそっけない、なんの展望もない山頂だが、もとよりそんなことは山の知ったことではない。どんな山頂にも喜びはある。

静けさを堪能したのち、往路を下る。

最初の露岩からの瑞牆山。八丁平から山頂までに眺めの開ける露岩が3カ所ある

## CHECK POINT

1 登山口の瑞牆山荘の前まで韮崎駅からバスがある。ここは人気の瑞牆山、金峰山の登山口でもある

2 登山口としては大きな駐車場があるが、ここに停める人のほとんどは瑞牆山か金峰山に出かける

3 富士見林道を横切る。この上、登山道からわずか左に離れたところに金峰山の里宮がある

4 富士見平小屋にはシーズン中管理人が常駐するようになり、宿泊はもちろん、食事や喫茶の利用もできる

5 瑞牆山への登山道から分かれ、小川山へは、飯森山の北側を巻いて、天鳥川左岸の高みを行く

6 天鳥川の源流近くで向う岸に渡ると、かつて造林小屋が建っていた平地がある。オアシスのような場所だ

7 天鳥川源流部を緩く登っていくと小川山南稜の八丁平へ着く。この稜線が日本の中央分水嶺である

8 太古の森を登ってたどり着いた山頂は、山の大きさとは裏腹に、展望もない小さな可愛い頂上である

■鉄道・バス

往路・復路＝JR中央本線韮崎駅から山梨峡北交通のバスで約1時間13分、終点のみずがき山荘下車。

■マイカー

中央自動車道須玉ICから約25キロ。瑞牆山荘から100メートルほど行った地点に約100台収容の無料駐車場がある。

■登山適期

6〜11月。長い行程なので日の短い時期は早出が必要。

■アドバイス

▽マイカーでなければ、小川山から廻り目平へ下る方が時間は短くてすむ。また金峰山の登山道の途中、大日岩から八丁平へ下るコースもあるが（危険箇所あり）、瑞牆山荘を起点とした場合は遠回り。

▽増富温泉街に市営の立ち寄り湯の増富の湯（☎0551・20・6500、休業中）がある。

■問合せ先

北杜市役所☎0551・42・1111、山梨峡北交通☎0551・42・2343、YKタクシー☎0551・22・2435、瑞牆山荘☎0551・45・0521、富士見平小屋☎090・7254・5698

■2万5000分ノ1地形図

瑞牆山

# 32 天下の奇峰、花崗岩の王国をめぐる

## 瑞牆山

みずがきやま
2230m

日帰り

歩行時間＝5時間50分
歩行距離＝9・0㎞

技術度 2/5
体力度 2/5

コース定数＝23
標高差＝760m
累積標高差 ↗910m ↘910m

みずがきの森芝生広場からの瑞牆山

　2001年、瑞牆山麓で全国植樹祭が開催されたときの会場がみずがき山自然公園になった。車道や歩道も整備されたので、マイカーを利用すれば瑞牆山の周回が簡単にできる。

　公園内の**芝生広場**の山側からはじまる迷路のような遊歩道を、山に向かって左方向に進むと、小川《おがわ》山《やま》林道に合流する。林道はわずかで**終点**となり、山道に入る。

　屈曲を繰り返して登り、大岩の下を巻くと沢音が高まり、道は不《ふ》動《どう》沢の左岸に沿うようになる。丸木橋で右岸に渡ってしばらくで**不動滝**へ着く。水量はないが、一枚岩を水がなめらかに流れるさまと、深く掘られた釜が見ものだ。ここからわずかで飛び石伝いにまた左岸へ戻ると、大岩の間をロープに頼って急登する場面も現れる。シャクナゲの花期なら、大岩の間を埋める花が圧巻である。

不動滝

　やがて沢沿いの道は北に直角に曲がって山腹の登りにかかる。頂稜まで標高差300㍍を急登する。南側からのルートを合わせたら左に進み、ロープとハシゴで岩を登ると**瑞牆山山頂**に飛び出す。

　大海原に突き出した

**■鉄道・バス**
往路・復路＝JR中央本線韮崎駅から山梨峡北交通のバスで約1時間13分、終点のみずがき山荘下車。この場合は瑞牆山荘からのスタートとなる。タクシーは約3㌔先のみずがき山自然公園まで入る。

**■マイカー**
中央自動車道須玉ICから約30㌔。みずがき山自然公園に駐車場がある。

**■登山適期**
5～11月がシーズン。シャクナゲの咲く6月中旬と、富士見平から下の紅葉が圧巻となる10月中旬～11月初旬が最もすばらしい。

**■アドバイス**
▽小川山林道へは芝生広場からさらに北へ続く車道を歩いてもよい。芝生広場からの遊歩道はまるで迷路なので、迷わない分、こちらの方が早いかもしれない。
▽富士見平のすぐ下で林道に出る分岐を見逃さないように注意。
▽増富温泉街に市営の立ち寄り湯の増富の湯（休業中）がある。

**■問合せ先**
北杜市役所☎0551・42・1111、山梨峡北交通☎0551・42・2343、YKタクシー☎0551・22・2435、富士見平小屋☎090・7254・5698

**■2万5000分ノ1地形図**
瑞牆山

船の舳先のような大岩の頂上からの眺めは実に広大である。隠されていた大観が頂上ではじめて得られることが不動沢コースならではの心憎い演出といえるだろう。

先ほどの分岐から南へ下る。岩を伝ったり縫ったりの急な下りが続いたあと、天鳥川を渡ると**富士見平**へ登り返しとなる。

富士見平からわずかに下ったところから瑞牆山荘への道と別れて、すぐ右下に見えている富士見林道終点に降り立つ。

林道を北に歩き、ヘアピンカーブから再び山道に入る。実に歩きやすい傾斜の尾根道を足まかせに下ると、尾根を巻いてきている歩道とT字型にぶつかる。これを右にとって、天鳥川を渡り、迷路のような遊歩道をたどれば、出発点の**芝生広場**へ戻る。

瑞牆山山頂から八ヶ岳を望む

## CHECK POINT

1 芝生広場に向かう車道が天鳥川を渡る手前で行く手に瑞牆山が姿を現す

2 林道終点から登山道に入ると、やがて道は不動沢左岸に沿うようになる

3 不動沢を橋で右岸に渡って不動滝に着く。ここまでの道はよく整備されている

4 不動沢滝からやや道がか細くなる。滝をすぎてすぐ、飛び石伝いに左岸に渡る

5 大岩を縫うように急登する。岩の間はシャクナゲで埋めつくされている

6 頂稜で瑞牆山荘からの登路を合わせ、ロープとハシゴで岩を登り頂上へ着く

7 空に向かって張り出した大岩の頂上は眺めは抜群、休日には人が鈴なりだ

8 真っ二つに割れた桃太郎岩は天鳥川の手前にある。ここまで急な下りである

9 桃太郎岩の先で天鳥川を渡ると、登り返しがある。疲れた足にはつらい

10 富士見平小屋では食事もできる。付近にはトイレ、テント場、水場がある

11 富士見林道への分岐と、林道から再び山道に入る分岐を見逃さないように

12 天鳥川を渡ったら、芝生広場へは、下に見える車道に出て戻った方が早い

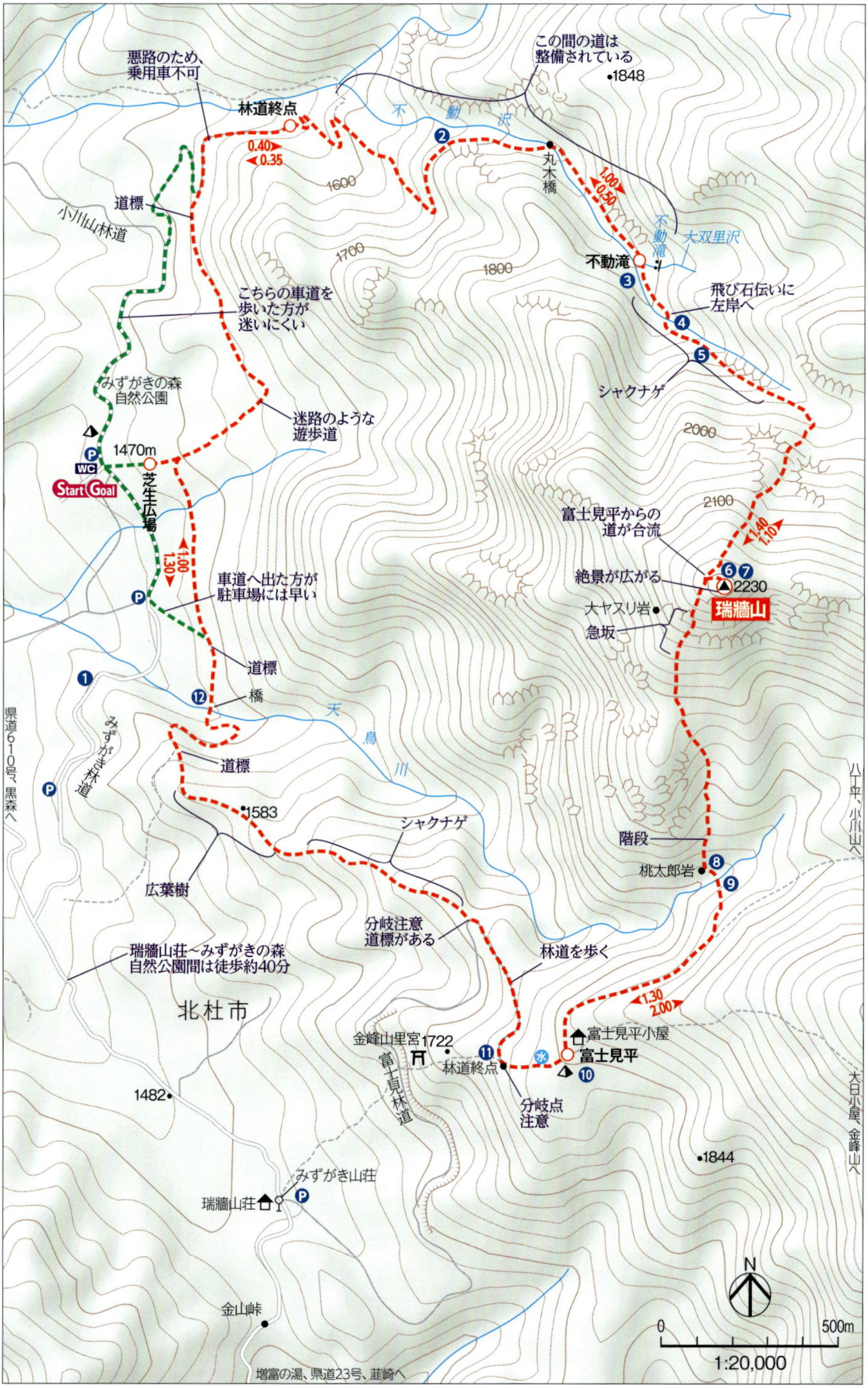
悪路のため、
乗用車不可
林道終点
0.40
0.35
この間の道は
整備されている
1848
不動沢
丸木橋
1.00
0.50
1600
1700
1800
道標
小川山林道
不動滝
大双里沢
不動滝
飛び石伝いに
左岸へ
こちらの車道を
歩いた方が
迷いにくい
シャクナゲ
みずがきの森
自然公園
迷路のような
遊歩道
2000
1470m
WC
Start Goal
芝生広場
2100
1.40
1.10
富士見平からの
道が合流
1.00
1.30
車道へ出た方が
駐車場には早い
絶景が広がる
2230
瑞牆山
大ヤスリ岩
急坂
道標
橋
天鳥川
県道610号、黒森へ
みずがき林道
道標
1583
シャクナゲ
八丁平、小川山へ
階段
広葉樹
桃太郎岩
分岐注意
道標がある
林道を歩く
瑞牆山荘～みずがきの森
自然公園間は徒歩約40分
1.30
2.00
北杜市
富士見平小屋
金峰山里宮
1722
富士見平
林道終点
水
富士見林道
分岐点
注意
1482
大日小屋、金峰山へ
1844
みずがき山荘
瑞牆山荘
金山峠
N
0
500m
1:20,000
増富の湯、県道23号、韮崎へ

33

# 横尾山

## 甲信の風景を振り分けに見る、日本の中央分水嶺を歩く

よこおやま
1818m

日帰り

歩行時間＝3時間
歩行距離＝4・5㎞

技術度 ■■□□□
体力度 ■□□□□

コース定数＝**11**

標高差＝353m

累積標高差 ↗375m ↘375m

カヤトの原から望む八ヶ岳

黒木に覆われた重厚な奥秩父《おくちちぶ》主稜が、小川山《おがわやま》から西にのびて信州峠に達するころ、あたりはもう底抜けに明るいカラマツの山になっている。この**信州峠**が横尾山の登山口だが、マイカーかタクシーで来る以外にない。駐車場は峠の両側にある。

石垣を登る階段から登山がはじまる。林の中に古い石仏が置かれていて、古人の往来を偲ばせる。植林のカラマツが多い広い尾根を蛇行して道は続く。最初はほとんど傾斜もなく、のんびりした道である。行く手に大きな山腹が迫ってくると、このコースで唯一の急登がはじまる。150メートルを登りきって飛び出す広大な**カヤトの原**は、すでに頂稜の東端で、いっきに眺めが広がる。ここは日本を代表する甲信の山国を南北に俯瞰する絶好の展望台で、特に南面甲州の明るい山々を望む時、私は山梨県に住んでいてよかったとニンマリする。

行く手にはじめて八《やつ》ヶ岳《たけ》が姿を現し、振り返ると金峰山《きんぷさん》が大きく、その前衛の瑞牆山《みずがきやま》はこの方角からがいちばん鋭く針の山を際立たせる。そして遠く端正な富士山、長大に居並ぶ南アルプス。信州側には千曲《ちくま》川源流の岩山が峨々と並び、浅間山《あさまやま》のコニーデが意外と近くて大きい。

ここから一段高い原に登ると、その先は少々尾根がやせ、いかにも稜線歩きらしくなる。似たようなコブをいくつも越えた先が**横尾山**の頂上である。八ヶ岳が全容を

■**鉄道・バス**
往路・復路＝利用できる公共交通機関はない。

■**マイカー**
中央自動車道須玉ICから約33キロ。信州峠に約10台の駐車スペースがある。

■**登山適期**
四季を通じて楽しめる。頂稜の原は春から秋にかけて野の花が多い。

■**アドバイス**
▽ごく短い時間で往復できるので、どこかへ泊りがけで行くときの、行きか帰りの駄賃の山として最適だろう。午後の往復になっても、西日の金峰山、瑞牆山は絶品である。
▽入浴なら増富の湯（☎0551・20・6500）が近い。

■**問合せ先**
北杜市役所☎0551・42・1111、北杜市営バス（観光・商工課）☎0551・42・1351、山梨交通バス事業部業務課☎055・223・0821、韮崎タクシー☎0551・22・2235

■**2万5000分ノ1地形図**
瑞牆山

現すほかは、最初に眺めの開けたカヤトの原の方が眺望は優れる。

　山頂からは来た道を戻るが、たいして時間のかかる山ではないので、余裕はたっぷりあるだろう。頂上で長居をするもよし、**カヤトの原**に戻ってのんびりするもよし、ちょうど西日に金峰山や瑞牆山が照らされる時間にでもなれば、またみごとなフィナーレで、さらに山好きが高じてしまうことだろう。

カヤトの原を頂上へ向かう

## CHECK POINT

信州峠はその名のとおり長野県との県境にある。信州側に下ると、高原野菜の畑が一面に広がっている

信州峠から山道に入ると、最初は傾斜が緩く広い尾根道で、広葉樹の林はとても美しい

ひとしきりの急登をこなすと大展望のカヤトの原に飛び出す。背後には金峰山と瑞牆山、小川山が並ぶ

カヤトの原からはむろん信州側の展望もいい。佐久の山並みを隔て、意外なほど浅間山が近く見える

北東方向から見る南アルプスは甲斐駒ヶ岳から間ノ岳までがコンパクトにまとまって絶品である

カヤトの原からは尾根は細くなって、八ヶ岳に向かって、似たような突起を次々に越えていく

たどり着いた横尾山の頂上はあまり広くない。西に八ヶ岳が眺められるが、少し樹木にさえぎられる

帰りは往路を信州峠に戻る。奥秩父は午後の光の方がいい。瑞牆山の岩に陰影が出てきて迫力が出る

# 北岳 きただけ 3193m

## 日本第二の高峰。山梨県を代表する山、甲斐ヶ根

一泊二日

1日目　歩行時間＝7時間　歩行距離＝5・0km
2日目　歩行時間＝4時間　歩行距離＝5・5km

技術度
体力度

コース定数＝**41**
標高差＝1683m
累積標高差　↗1735m　↘1735m

鳳凰三山・観音岳から見た、バットレスを正面にした北岳

北岳山頂から、遠く富士山を望む

北岳はいわずと知れた日本第二の高峰である。山梨県を代表する山は、と問われたら、富士山は別格として、北岳を推すのをためらう人はいまい。これだけの高峰にしては珍しく、全山が山梨県内のみに属するとは、古くは「甲斐《かい》ヶ根《ね》」とよばれたのも故なしとはしない。

**第1日**　**広河原《ひろがわら》**でバスを降り、少し戻ると大樺《おおかんば》沢と北岳が目に入ってくる。すぐ先の吊橋で野呂《のろ》川を渡ったところにあるキャンプ場の前から登山道がはじまる。

大きな砂防ダムを左手に何基も数える大樺沢下流に、雪解水がとうとうと流れている。小沢を渡る

■鉄道・バス
往路・復路＝JR中央本線甲府駅から山梨交通バスで約2時間、終点の広河原下車。JR身延線身延駅または下部温泉駅から早川町乗合バスで奈良田へ。山梨交通バスに乗り換えて広河原に向かう方法もある。

■マイカー
中部横断自動車道白根ICから約13キロ、芦安市営駐車場へ。広河原への南アルプススーパー林道はマイカー

注：2024年現在、白根御池分岐～大樺沢二俣間は災害により通行止め。登路は白根御池小屋回りで大樺沢二俣に向かうことになる。

と白根《しらね》御池《おいけ》への分岐があって、翌日はここに戻ってくることになる。

大樺沢に沿って続く道は、時に水流をまたぐこともある。左岸の崩壊地を避けていったん右岸に渡り、再び左岸に戻る。雪の多かった年なら、初夏でもそろそろ沢の中央に雪渓が現れはじめる。

**大樺沢二俣《ふたまた》**で御池小屋へのトラバース道と右俣沿いに草すべり上部へ向かう道を分ける。左俣に続く登山道は徐々に傾斜がきつくなり、バットレスの岩壁が頭上に覆いかぶさってくるかのようだ。

登路は岩のゴロゴロした足場の悪い涸れ沢に移り、やがて小尾根に取り付くと、ハシゴの連続で**八本歯《はっぽんば》のコル**に導かれる。突然目の前に現れた巨大な間《あい》ノ岳《だけ》に度肝を抜かれ、疲れも吹き飛ぶ一瞬である。

## CHECK POINT

1 インフォメーションセンターから車道を北沢峠方面へ向かい、野呂川を吊橋で対岸に渡る

2 大樺沢左岸に続く道を登ると白峰御池への道が分かれる。帰りはこの道で戻る

3 途中で右岸に渡って高さを上げていくと行く手にバットレスが見えてくる

4 大樺沢二俣へと高度を上げていくと、背後には鳳凰山がせり上がってくる

5 大樺沢二俣。八本歯のコルへは左俣を登る。シーズン中はトイレが仮設される

6 日本第二の高山からの眺めは筆舌に尽くしがたい。つい長居してしまう

7 肩ノ小屋への下りから頂上を振り返ると、日本第一と第二の山が並んでいる

8 南アルプスでは最高所にある肩ノ小屋。小屋の前がテント場になっている

9 小太郎山分岐まではプロムナード。白根御池へは草すべりの急降下である

10 草すべりは高山植物の宝庫で、花を前景に北岳を撮るポイントも多い

11 南アルプス市営の白根御池小屋。営業期間は6月中旬〜11月上旬

12 白根御池のテント場は、水が豊富なうえ、風も当たりにくい場所なので快適

規制で進入禁止。ここから山梨交通バスか乗合タクシーに乗り換えることになる。所要約1時間。

■登山適期

6〜10月。6月は大樺沢の残雪量によっては、登り下りとも白根御池経由のコースをとることになる。インフォメーションセンターで状況を確かめてからコースを選択しよう。

■アドバイス

▽悪天の場合は初日の登頂をあきらめ、白根御池小屋に泊まるか、二俣から右俣コースを登って肩ノ小屋へ泊まるようにする。

▽2日目は余裕があるので、北岳の眺めがすばらしい小太郎山を往復すればさらに充実した山旅となるだろう。分岐から往復3時間。

▽登山口の芦安には何軒もの温泉施設がある。また、南アルプス芦安山岳館へも立ち寄ってみたい。

■問合せ先

南アルプス市役所☎055・282・1111、山梨交通バス事業部業務課☎055・223・0821、早川町乗合バス☎0556・45・2500（俵屋観光）、広河原山荘☎090・2677・0828、北岳肩ノ小屋☎090・4606・0068、白根御池小屋☎090・3201・7683

■2万5000分ノ1地形図

鳳凰山・仙丈ヶ岳

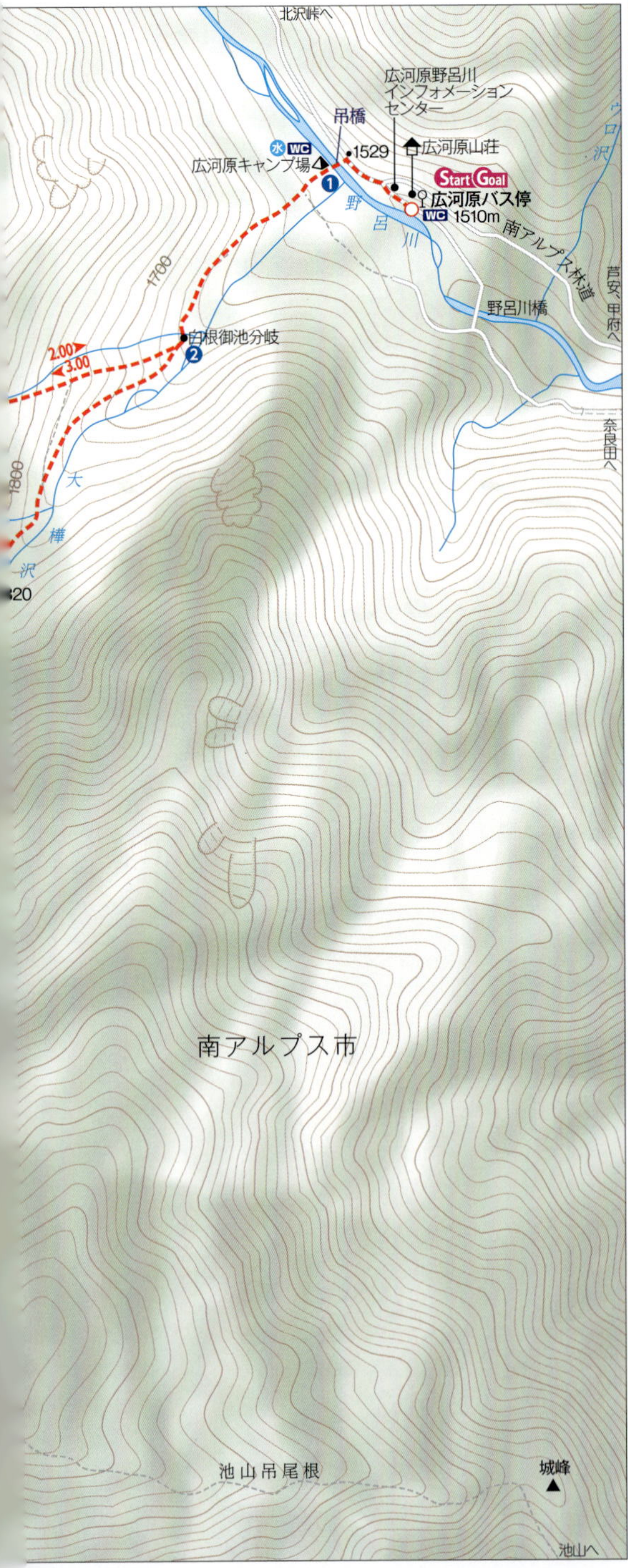

小太郎山分岐付近からの仙丈ケ岳

さらにハシゴを使って岩尾根を登り、北岳山荘へのトラバース道を左に分ける。初夏であれば、あたりは高嶺の花が繚乱としているだろう。

南側から巻くようにして主稜線に合し、ひと登りで**北岳**山頂である。南北に細長い頂上は三角点の位置より少し南が最高点である。日本第二の高さの展望を心ゆくまで楽しんだなら、今宵の宿、**肩**《かた》**ノ小屋**へと下ろう。わずかな距離だが、ほっとして気を緩めると危険な岩場であることを忘れずに。

**第2日**　翌早朝、天気がよければもう一度頂上に登ってご来光を仰ぎたいものだ。山頂近くに泊まったご利益である。

さて下山だ。小太郎《こたろう》尾根の分岐までは仙丈《せんじょう》ヶ岳《たけ》や甲斐駒《かいこま》ヶ岳《たけ》を旅の友に、実に快適な稜線漫歩である。健脚者なら小太郎山往復を計画に入れるのもいいと思う。

小太郎尾根を回りこんでわずかに下ると、大樺沢二俣に下る道を分け、白根御池に向かってお花畑の広がる草すべりの急降下となる。

正面に同じくらいの高さだった鳳凰山《ほうおうさん》がみるみるうちに頭上になり、白根御池に着く。**白根御池小屋**の前を通り、山腹のトラバースしばし、今度は黒木の森の急降下で一直線に前日の大樺沢の分岐へ着く。なおも下り、最後に吊橋を渡って右に行けば**広河原のバス停**だ。

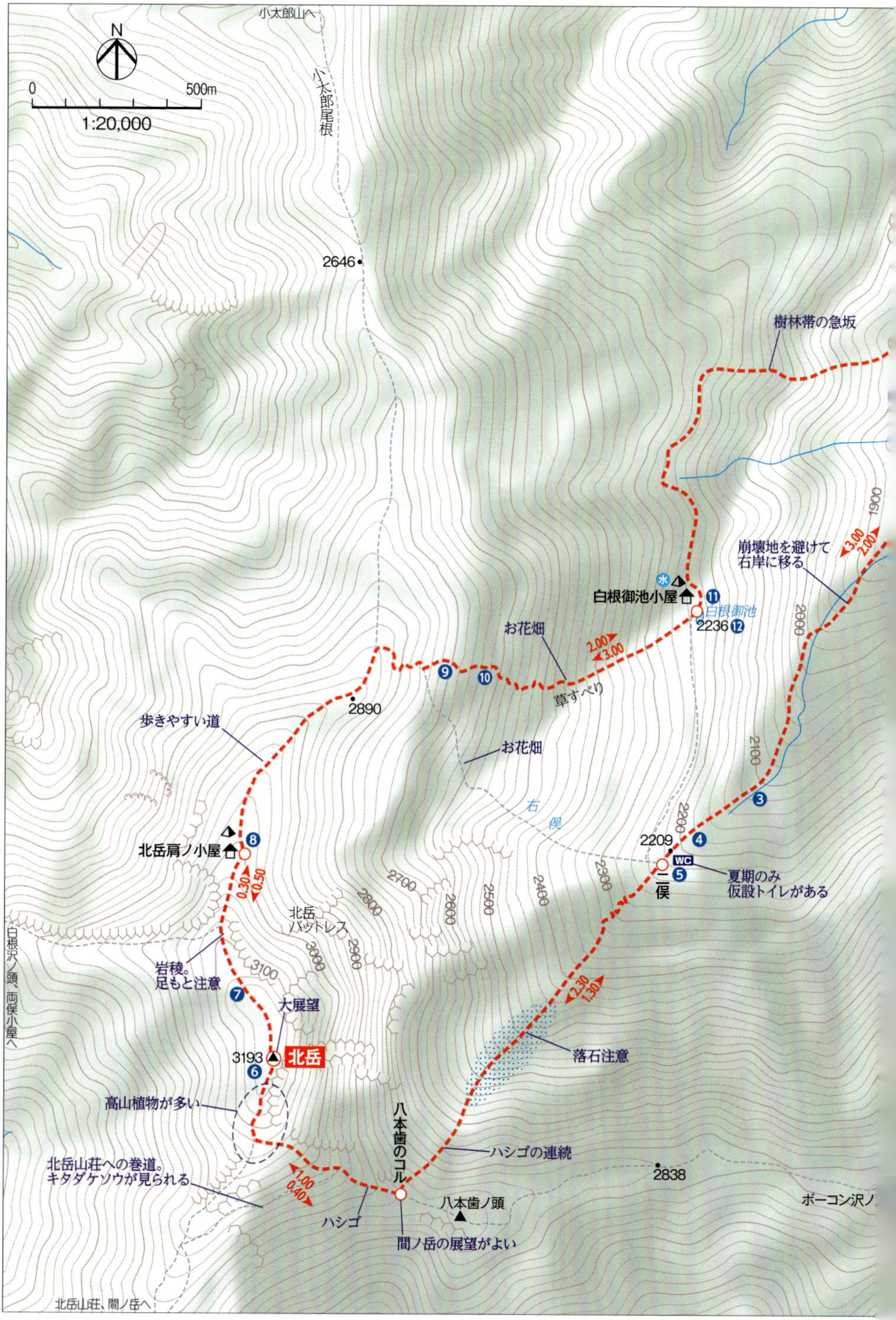
N
0
500m
1:20,000
小太郎山へ
小太郎尾根
2646
樹林帯の急坂
1900
崩壊地を避けて
右岸に移る
3.00
2.00
水
白根御池小屋
11
白根御池
2236 12
2000
お花畑
2.00
3.00
9
10
草すべり
2890
歩きやすい道
お花畑
2100
右
俣
3
2200
2209
4
北岳肩ノ小屋
8
WC
5
二俣
夏期のみ
仮設トイレがある
0.30
0.50
2700
2800
2600
2500
2400
2300
北岳
バットレス
3100
3000
2900
白根沢ノ頭、両俣小屋へ
岩稜。
足もと注意
7
2.30
1.30
大展望
3193
北岳
6
落石注意
高山植物が多い
八本歯のコル
ハシゴの連続
2838
北岳山荘への巻道。
キタダケソウが見られる
1.00
0.40
ハシゴ
八本歯ノ頭
ボーコン沢ノ
間ノ岳の展望がよい
北岳山荘、間ノ岳へ

双児山から、駒津峰を前景に、目指す甲斐駒ヶ岳を見上げる

35

# 甲斐駒ヶ岳

雪と見まごう白砂の頂上、山の団十郎

かいこまがたけ
2967m

日帰り

歩行時間＝7時間
歩行距離＝8・0km

技術度
体力度

| | |
|---|---|
| コース定数 | =28 |
| 標高差 | =931m |
| 累積標高差 | ↗1180m ↘1180m |

三角錐が鋭く天を突く、双児山からの北岳。右は間ノ岳

JR中央本線の下り列車が韮崎駅を出て七里《しちり》ヶ岩《いわ》台地へと登り、日野春《ひのはる》駅あたりにさしかかるころ、左手車窓に肩をいからせて迫ってくるような甲斐駒ヶ岳の雄姿に目を奪われぬ者はいないだろう。

この方角からの正面にある黒戸《くろと》尾根を登る道は、古くは登拝の、そして近代登山発祥以降は多くの登山者がたどった道だった。しかし、北沢《きたざわ》峠に車道が開通後、その日本アルプス屈指の標高差はすっかり敬遠されてしまった。登山といえども、易きに流れるのは世の習いであるが、それはさておき、ここでも現在の主流、北沢峠起点の周遊コースを紹介しよう。

■鉄道・バス

往路・復路＝JR中央本線甲府駅から山梨交通バス約2時間で広河原まで行き、南アルプス市営バスで北沢峠へ。所要約2時間。静岡県側からJR身延線身延駅〜奈良田〜広河原の経路もある。長野県側は次項の㊱仙丈ヶ岳を参照。

■マイカー

南アルプススーパー林道はマイカー規制されているため、芦安市営駐車

注：広河原〜北沢峠間の南アルプス林道は2024年現在、崩落により当面の間通行止め。長野県側からの南アルプス林道バスは利用できる。

**北沢峠バス停**前のこもれび山荘の横から登山道に入ると、すぐに樹林帯の急登がはじまる。標高差600《メートル》あまりを登りきった**双児山**《ふたごやま》からは、南アルプス北部の名だたる山々が一望できる。目の前の駒津峰《こまつみね》から上半身を乗り出した甲斐駒ヶ岳は、古く信州側では「白《しろ》崩山《くずれやま》」とよばれたのも納得できる花崗岩の白い肌をあらわにし、背後には仙丈《せんじょう》ヶ岳《たけ》がどっしりと大きい。さらには北岳《きただけ》の天を突く三角錐が印象的だ。

いったん緩く下り、ハイマツの海を登りつめれば**駒津峰**に着く。すでに甲斐駒ヶ岳はのしかかってくるように全容を現している。ぐっと険しくなった岩稜を六方石《ろっぽういし》へ下り、いよいよ本峰の登りとなる。

直登ルートもあるが、ここではより安全な摩利支天《まりしてん》寄りに登るルートをとる。

## CHECK POINT

1 北沢峠のバス停前にある北沢峠こもれび山荘の裏手から登山道がはじまる

2 樹林帯の急坂がようやく終わると双児山は近い。背後には仙丈ヶ岳が大きい

3 軽く下ったのち岩屑の道を登ると駒津峰に着く。帰りはここから仙水峠へ下る

4 駒津峰から、狭くなった尾根をたどる。六方石へは下りは急坂である

5 六方石で直登ルートと摩利支天ルートが分かれる。ここは摩利支天ルートへ

6 摩利支天の方角へ山腹を斜上していく。まるで砂浜のような登山道である

7 日本アルプスでもっとも美しい頂上と『日本百名山』に深田久弥は書いている

8 往路を駒津峰に戻り、正面に北岳を見ながら、仙水峠へと急坂を下る

9 駒津峰とほぼ同じ高さの栗沢山がどんどんと高くなって、仙水峠へと着く

10 仙水峠からは、駒津峰寄りに広がる岩塊斜面を見ながら下る

11 岩屑の道から林に入り、仙水小屋の前を通る。ここからは沢沿いに下る

12 南アルプス市長衛小屋の横に、付近の開拓に功績のあった竹沢長衛の碑がある

場まで。中部横断自動車道白根ICから約13キロ。以降は山梨交通バス1時間で広河原へ。長野県側は㊱仙丈ヶ岳を参照。

■登山適期

北沢峠までのバスの運行期間（6月上旬～11月中旬）が登山シーズン。

■アドバイス

▽夏季や週末にはバスの早朝便があるので、健脚者なら日帰りも可能となる。一般的には一泊で仙丈ヶ岳と組み合わせることが多い。

▽甲斐駒ヶ岳から下ったら仙水小屋か長衛小屋に宿泊し、翌日は甲斐駒を眺めに栗沢山やアサヨ峰を往復するのも楽しいと思う。

▽逆コースよりも、紹介コースの方が早い時間に大展望を得られる点では有利。

■問合せ先

南アルプス市役所☎055・282・1111、伊那市長谷総合支所☎0265・98・2211、山梨交通バス事業部業務課☎055・223・0821、大平山荘☎0265・78・3761、北沢峠 こもれび山荘☎080・8760・4367、仙水小屋☎080・5076・5494、長衛小屋☎090・2227・0360

■2万5000分ノ1地形図

甲斐駒ヶ岳・仙丈ヶ岳

山頂からの下り。白砂の道はすべりやすいので注意していこう

仙水峠からの摩利支天峰

白砂の登山道を摩利支天分岐まで緩く登り、折り返していっきに頂上を目指す。たどり着いた、一等三角点本点のある**甲斐駒ヶ岳**頂上からの眺めは広大のひとこと。心ゆくまで楽しもう。

帰りは往路を**駒津峰**まで戻り、南の仙水峠《せんすい》へ下る。行きの双児山への登路を上回る、膝がガクガクするような急坂である。低く見えていた栗沢山《くりさわやま》がぐんぐん高くなっていく。**仙水峠**に下りつき、振り返ると摩利支天がまるで入道のようだ。

仙丈ヶ岳を見ながら岩塊斜面をしばらく下ると森に入り、水音が聞こえ出すと仙水《せんすい》小屋を通過する。なおも沢沿いに下り、大きな堰堤が現れると南アルプス市 **長《ちょう》衛《えい》小屋**は近い。小屋からは幅広い道を登るとスーパー林道に合流し、わずかに登り返して**北沢峠バス停**に戻る。

熊穴沢ノ頭へ
六合石室
2645
N
0
500m
1:20,000
本
谷
旧丹渓山荘
長野県
伊那市
八丁坂
薮
沢
仙流荘へ
展望がよい
ハイマツ帯に
ダケカンバの
配置が美しい
0.50
0.40
駒津峰
3
2600
双児山
2649
展望がよい
2
不動岩
2500
2400
1.40
1.10
2300
樹林帯に入る
2200
2183
北沢峠
こもれび山荘
2036
水
WC
1
大平山荘
北沢峠バス停
2036m
Start Goal
0.10
南アルプス市
長衛小屋
水
12
WC
仙水小屋
水
11
2100
0.50
1.20
北
沢
山梨県
南アルプス市
2024年現在
災害により通行止め
南アルプス林道
仙丈ヶ岳へ
仙丈ヶ岳へ
広河原へ

36

# 仙丈ヶ岳《せんじょうがたけ》

3033m

## 南アルプスの女王に雄大なカールの淵をたどって登る

日帰り

歩行時間＝6時間40分
歩行距離＝9・0km

技術度 ▲▲△△△
体力度 ♥♥♡♡♡

| | |
|---|---|
| コース定数 | ＝28 |
| 標高差 | ＝997m |
| 累積標高差 | ↗1215m ↘1215m |

↑カールの向こうにようやく山頂が見えてくる

←小仙丈岳のライチョウ

仙丈ヶ岳は県内の人里からは甲《か》斐《い》駒《こま》ヶ岳《たけ》や早川《はやかわ》尾根に隠され、ほとんど見えない。伊那谷《いなだに》の駒ヶ根あたりからは、険しい男性的な風貌で目の前に大きくそびえる山で、住人の親しみという点では、よりそちら側にあるに違いない。しかし、登山者のもつ「南アルプスの女王」というイメージは、甲州側の山々から見る、カールを抱いたまろやかで優美な山容からできあがったものであろう。ここでは北沢《きたざわ》峠を起点に、県界尾根（小仙丈《こせんじょう》尾根）を登り、長野県側の藪沢《やぶさわ》を下ってくる周遊コースを紹介しよう。

**北沢峠バス停**のすぐ脇から登山道がはじまる。すぐそばに車道があるのが不思議に感じられるような原生林の中は、暑い時季でも涼しい。よく踏まれた道はわりと緩急があって登りやすいが、ほとんど展望は得られない。

五合目の標識のある**大滝《おおたき》ノ頭《あたま》**で藪沢への道を分け、ひと登りで森林限界に達する。正面にはハイマツの海に一筋の道が小仙丈《こせんじょう》ヶ岳《たけ》に続き、背後には摩利支天《まりしてん》をした

**■鉄道・バス**
往路・復路＝北沢峠が起・終点となる。経路は前項の㉟甲斐駒ヶ岳を参照。長野県側からはJR飯田線伊那市駅からJRバス関東30分で高遠駅、長谷循環バスに乗り換えて30分の仙流荘へ。ここで南アルプス林道バス約55分で北沢峠へ。

**■マイカー**
山梨県側は㉟甲斐駒ヶ岳に同じ。長野県側からは仙流荘の市営駐車場に駐車して南アルプス林道バスに乗り換えて北沢峠へ。

**■登山適期**
北沢峠までのバスの運行期間である

注：広河原～北沢峠間の南アルプス林道は2024年現在、崩落により当面の間通行止め。長野県側からの南アルプス林道バスは利用できる。

がえた甲斐駒ヶ岳が大きい。**小仙丈ヶ岳**に達すると、目指す仙丈ヶ岳の全貌が明らかになり、頂上が雄大な小仙丈カールの上に顔を出す。ここまで登ってしまえば、あとは大展望を楽しみ

六合目で森林限界を越える

## CHECK POINT

甲斐駒登山や広河原への乗り継ぎ客で、シーズン中の北沢峠はにぎやかだ

北沢峠からはまず樹林帯の登りである。最初はさほどの傾斜はない

遅い出発なら大滝ノ頭から馬ノ背ヒュッテへ向かって一泊するのがいいだろう

大滝ノ頭から徐々に樹木の丈が低くなり、六合目でほぼ森林限界を超える

ハイマツの海を登って小仙丈ヶ岳に着くと、大らかな小仙丈カールが目に入る

仙丈小屋分岐。藪沢カールに仙丈小屋が見えている。悪天ならここから小屋へ

北岳を背に、大仙丈カールと藪沢カールの淵をたどって山頂にいたる

山頂に立つと、これまで見えなかった西側の風景が目に飛び込んでくる

頂稜を北へ進み藪沢カールへ下る。濃霧時は地蔵尾根に迷いこまないように

藪沢カールに立つ仙丈小屋。小屋の近くにある水場は盛夏には涸れることが多い

ダケカンバの黄葉の美しい馬ノ背から藪沢に下る途中に馬ノ背ヒュッテがある

大滝ノ頭分岐。藪沢沿いに下っても、大滝ノ頭に出ても時間はさほど変わらない

6月中旬～10月末が一般的な登山シーズン。

■アドバイス

▽夏季や週末にはバスの早朝便があるので、健脚者なら日帰りも可能となる。一般的には北沢峠付近に一泊して甲斐駒ヶ岳と組み合わせることが多い。

▽馬ノ背のダケカンバの黄葉が見ごろになるのは9月下旬。それを前景にした甲斐駒ヶ岳から鋸岳にかけての夕景は山に泊まった人へのプレゼントである。

▽南アルプス市長衛小屋から直接二合目に出る近道がある。

■問合せ先

南アルプス市役所☎055・282・1111、伊那市長谷総合支所☎0265・98・2211、JRバス関東☎0265・73・7171、長谷循環バス☎0265・78・4111、南アルプス林道バス☎0265・98・2821、北沢峠 こもれび山荘☎080・8760・4367、仙丈小屋☎090・1883・3033、馬ノ背ヒュッテ☎090・2503・2630、仙丈藪沢小屋☎0265・98・3130（伊那市役所）、大平山荘☎0265・78・3761

■2万5000分ノ1地形図

仙丈ヶ岳

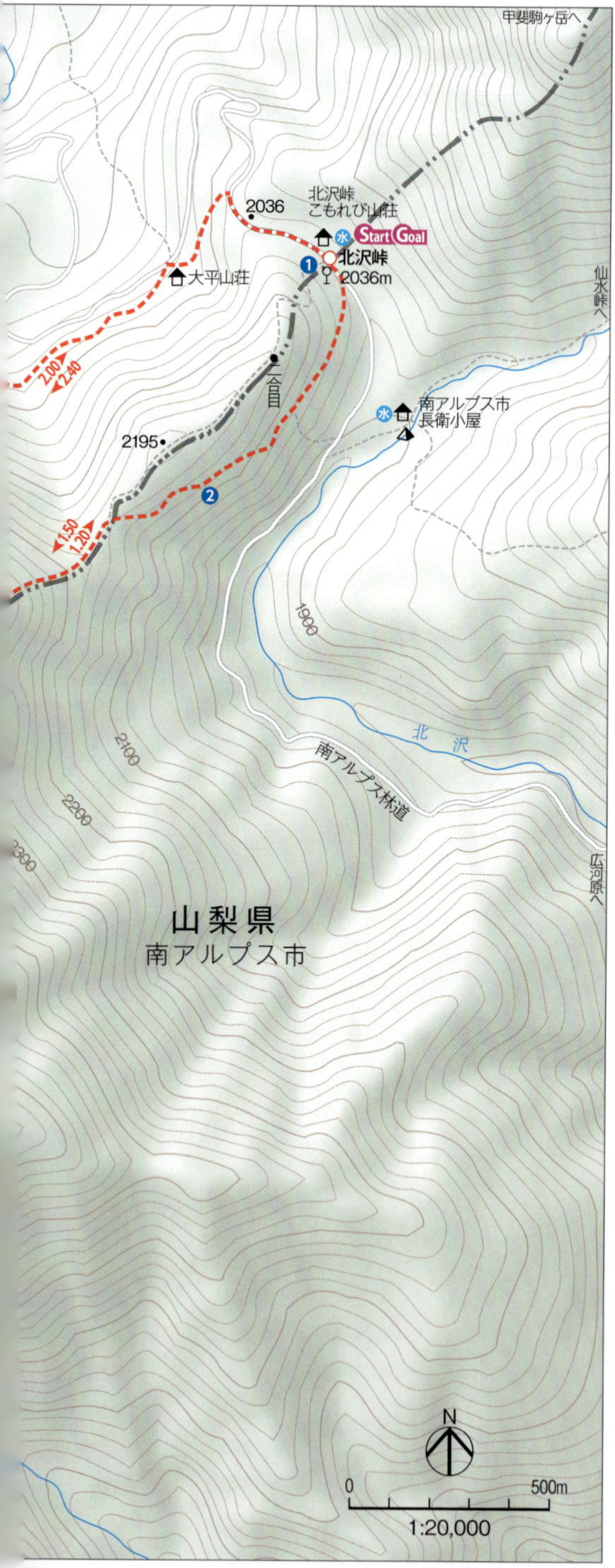

朝の富士と北岳

ながらカールの縁を緩く登っていくだけである。かたわらに連れ添う富士山と北岳の日本一、二の高峰の横並びが圧巻である。

藪沢カールが視界に入ってくると、頂上は近い。**仙丈ヶ岳**頂上に立つと伊那谷の人里との高度差に、３０００メートルの高みにいることが実感されることだろう。

霧で見通しのきかないときは、頂上から南へ仙塩尾根に入らないように。また、藪沢カールの淵からカールの底に下るべきところを、そのまま地蔵《じぞう》尾根へ進まないように注意がいる。標識と方向をよく確かめることだ。

藪沢カールの底へと歩きにくい岩礫の斜面を急下降し、仙丈小屋前を通過、秋はダケカンバの黄葉がすばらしい馬《うま》ノ背《せ》の盛り上がりに向かって下っていく。振り返ると藪沢カールがまるで巨大なスタジアムのようだ。

馬ノ背の手前から快いダケカンバ林を**馬ノ背ヒュッテ**へ下る。馬ノ背ヒュッテからわずかに下ると藪沢の流れに出合う。沢向こうに大滝ノ頭への道が分かれる。

ここからは、しばらく正面に甲斐駒ヶ岳を眺めながら沢沿いに下る。道が右岸の樹林帯に入ると急坂となり、山腹のやや長いトラバースを経て大平山荘へたどり着く。**北沢峠**へはわずかな登り返しだが、長く下り続けてきた足にはつらく感じられることだろう。

赤河原へ
戸台口へ
長野県
伊那市
2639
丹渓新道
樹林帯
大滝
2716
秋、ダケカンバの
黄葉が美しい
馬ノ背
藪沢
2519
甲斐駒ヶ岳を
正面に下る
3
大滝ノ頭
（五合目）
大滝ノ頭分岐
仙丈藪沢
小屋
2698
11
ダケカンバ林、
お花畑
馬ノ背
ヒュッテ
12
0.50
0.40
森林限界
4
2400
2500
2600
1.00
1.30
5
2855
小仙丈ヶ岳
1.00
0.40
仙丈ヶ岳、北岳、
富士山の展望がよい
2700
市野瀬へ
大展望の尾根道
6
地蔵尾根
9
水
10
仙丈小屋分岐
仙丈小屋
悪天時、
分岐点に注意
藪沢
カール
2900
2800
小仙丈カール
7
カールの縁を行く
3033
仙丈ヶ岳
8
大仙丈カール
仙塩尾根
大仙丈ヶ岳へ

# 37

世にも美しい白砂の稜線歩きを楽しむ

# 鳳凰三山 地蔵岳・観音岳・薬師岳

ほうおうさんざん
じぞうだけ 2764m
かんのんだけ 2841m
やくしだけ 2780m

**一泊二日**

1日目 歩行時間＝4時間20分 歩行距離＝5・4km
2日目 歩行時間＝8時間 歩行距離＝12・9km

技術度 3/5
体力度 3/5

コース定数＝**51**

標高差＝1742m

累積標高差 ↗2241m ↘1966m

急登が終わると、やっと地蔵岳が見えてくる

白峰《しらね》三山をはじめ、南アルプスの主峰群、さらには富士山の大観をほしいままにしながら歩く、鳳凰三山の白砂の縦走路ほど美しい道がほかにあるだろうか。その感激を高めるには、すべからく東側の山麓から登るべきである。苦しい登りをこなした人だけへの褒美は想像以上であろう。ここでは鳳凰小屋に一泊して、翌日三山を縦走して夜叉神《やしゃじん》峠へ下るとしよう。

**第1日　青木《あおき》鉱泉**からはじまる登山道は、すぐに川コースと山コースに分かれるが、少し上部で合流する。

コースの合流点から急登となる。ドンドコ沢に流れこむ支流を2度渡ると**南《みなみ》精進《しょうじ》ノ滝**の展望台への分岐に着くが、展望台へ行っても木々にじゃまされ、すっきりと望むことはできない。

相変わらずの急登をこなす間には鳳凰ノ滝、白糸ノ滝を通過するが、なんといっても圧巻は最後に現れる五色《ごしき》ノ滝で、滝壺まで下りられる歩道からは滝の全貌が眺められる。

滝の脇を登ると、ついに傾斜が緩み、穏やかな楽園のような源流部に出る。かつてはこのあたりに北御室《きたおむろ》小屋があった。地蔵岳のオベリスクが手の届きそうな距離に現れ、広い沢沿いに緩く登っていくと、林の中の**鳳凰小屋**に着く。

**第2日　鳳凰小屋**からは再び急坂が森の中に続く。森を抜けると白砂の斜面となる。右手に地蔵岳、左手に観音岳が目の前だ。

地蔵岳の基部は賽《さい》ノ河原《かわら》とよばれ、たくさんの地蔵が置かれている。ひと登りで**赤抜沢《あかぬけさわ》ノ頭《あたま》**で、ついに白峰三山をはじめ、南アルプスの大パノラマが目前に展開し、思わず歓声が上がる。

いったん鞍部に下り、三山の最高点である観音岳への登りとなる。まるでオブジェのような風化した花崗岩を縫って登っていく。**観音岳**からは薬師岳を前景にした富士山の眺めも定評のあるところ。ここから薬師岳までの白砂の稜線漫歩は縦走路のハイライト、天空の散歩である。

**薬師岳小屋**から岩を縫ってこれも眺めのよい砂払岳を越えると森に入り、ひとしきり下ると**南御室小屋**に着く。ここから辻山《つじやま》の北を巻いて緩く登り、**苺平《いちごだいら》**で千頭星山《せんとうぼしやま》への道を分ける。山火事跡の明るい道を下って**杖立《つえたて》峠**をすぎると、今度は暗いが雰囲気のいい針葉樹林帯を下る。

再びあたりが明るくなると**夜叉神峠**である。ここから**夜叉神峠登山口バス停**までは遊歩道のように手入れされた峠道である。

■**鉄道・バス**
往路＝JR中央本線韮崎駅から茅ヶ岳観光バス約55分で青木鉱泉。
復路＝夜叉神峠登山口から山梨交通バス約1時間10分でJR甲府駅へ。

■**マイカー**

## CHECK POINT

1 青木鉱泉。日程に余裕があって前泊できるなら、翌日からの行程が楽になる

2 北から流れ込む支沢を何度も渡りながらドンドコ沢の左岸を登っていく

3 滝の中では圧巻なのが一番上部にある五色ノ滝で、滝つぼ近くまで下れる

4 沢の源流部になると傾斜は緩み、おだやかな道を歩いて鳳凰小屋に着く

5 鳳凰小屋からの道はいつしか白砂になっていく。オベリスク目指して登る

6 赤抜沢ノ頭で白峰三山の偉容が初めて目に入り歓声があがる。縦走のはじまりだ

7 観音岳の手前から薬師岳にかけては、日本アルプス屈指の美しい縦走路である

8 広い薬師岳の頂上一帯は、富士山と白峰三山のこの上ない展望台である

9 薬師岳と砂払岳の鞍部に薬師岳小屋は建っている。テント場や水場はない

10 初日に薬師岳小屋まで入ることができれば、朝夕の白峰三山を見るには有利だ

11 砂払岳から樹林帯を下ると南御室小屋に着く。テント場と豊富な水場がある

12 辻山の北東側を巻いて苺平に着く。ここから分岐する千頭星山への道は荒廃

13 苺平から明るい尾根を下って登り返すと杖立峠に着く。暗い林の中である

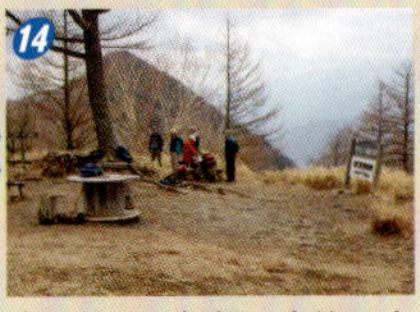
14 夜叉神峠は気軽に白峰三山を見に来られる展望台として古くから人気がある

15 夜叉神峠小屋は、夏以外は週末中心の営業。小屋のそばにはテント場がある

16 整備の行き届いた歩道を登山口へと下る。車道に出るとバス停と駐車場がある

下山を薬師岳から中道～青木鉱泉（薬師岳小屋から下り4時間）とするならマイカー利用も有効。中央自動車道須玉ICから約19㌔。

■登山適期
白砂の稜線にダケカンバの黄葉が映える9月末～10月初旬がすばらしい。

■アドバイス
▽コース中の各山小屋は要予約（南御室小屋のテント場は予約不要）。
▽鳳凰小屋へのルートは御座石鉱泉から燕頭山を経由しても時間的に大差ない。明るい尾根筋が好きか、滝を見ながら登るかといった好みの問題である。下山コースとしては、燕頭山経由の方が若干足が楽かと思う。
▽健脚者なら一日目に薬師岳小屋まで入ることもでき、そうすると稜線からの早朝の白峰三山の風景が楽しめる。
▽辻山は巻いてしまうが、好天ならぜひ立ち寄りたい山である。

■問合せ先
韮崎市役所☎0551・22・1111、茅ヶ岳観光☎0551・25・6262、青木鉱泉☎070・4174・1425、鳳凰小屋☎0551・27・2466、薬師岳小屋☎090・5561・1242（現地）、南御室小屋☎090・3406・3404（現地）

■2万5000分ノ1地形図
鳳凰山

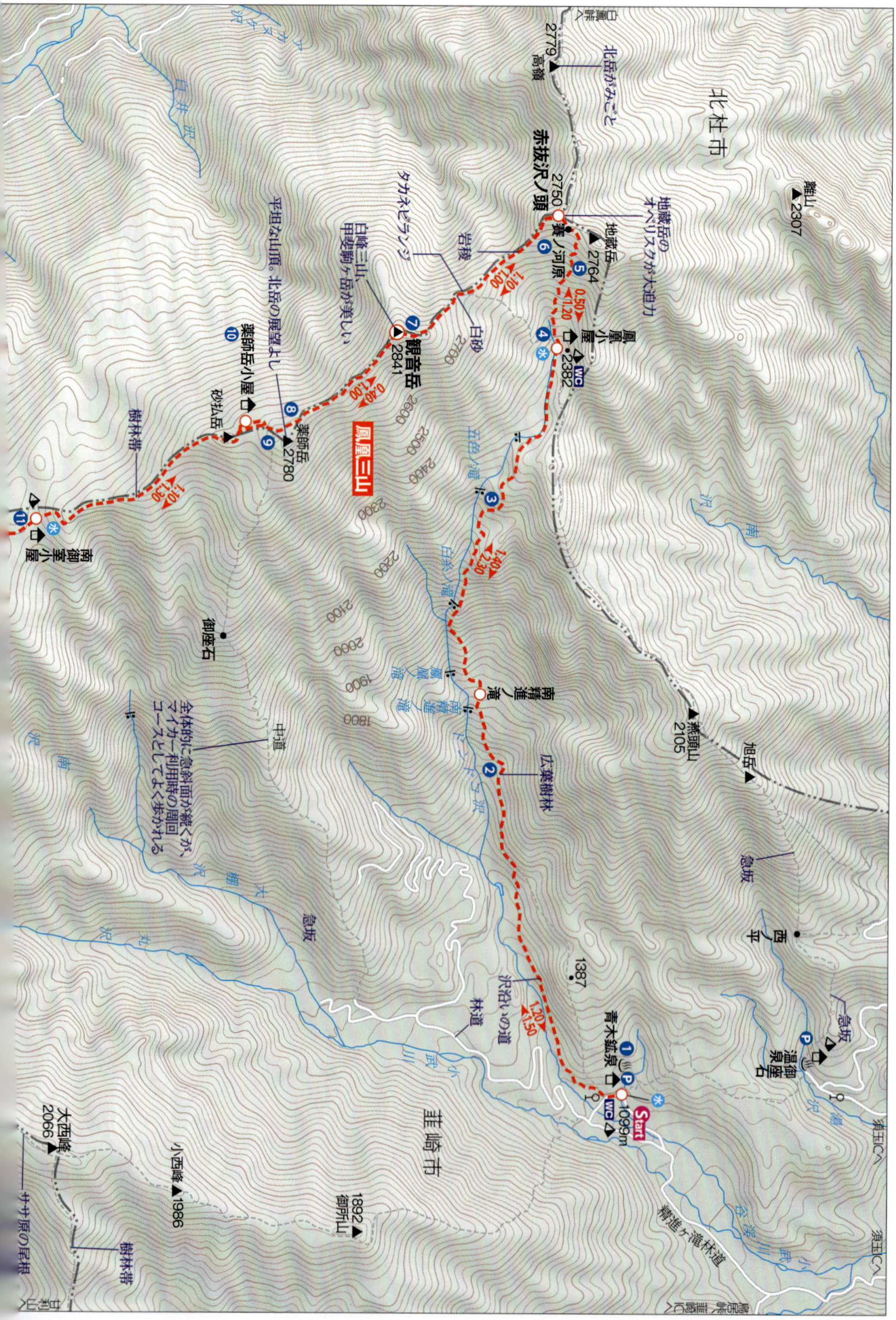

北杜市
韮崎市
高嶺
2779
北岳がみごと
赤抜沢ノ頭
2750
地蔵岳のオベリスクが大迫力
地蔵岳
2764
賽ノ河原
離山
2307
岩稜
タカネビランジ
白峰三山、甲斐駒ヶ岳が美しい
平坦な山頂。北岳の展望よし
白砂
鳳凰小屋
2382
観音岳
2841
鳳凰三山
薬師岳小屋
薬師岳
2780
砂払岳
樹林帯
南御室小屋
五色滝
白糸滝
鳳凰ノ滝
南精進ノ滝
御座石
中道
全体的に急斜面が続くが、マイカー利用時の周回コースとしてよく歩かれる
広葉樹林
燕頭山
2105
旭岳
急坂
西ノ平
1387
沢沿いの道
林道
青木鉱泉
1099m
Start
御座石温泉
精進ヶ滝林道
小武川
須玉ICへ
大西峰
2066
小西峰
1986
御所山
1892
ササ原の尾根
樹林帯

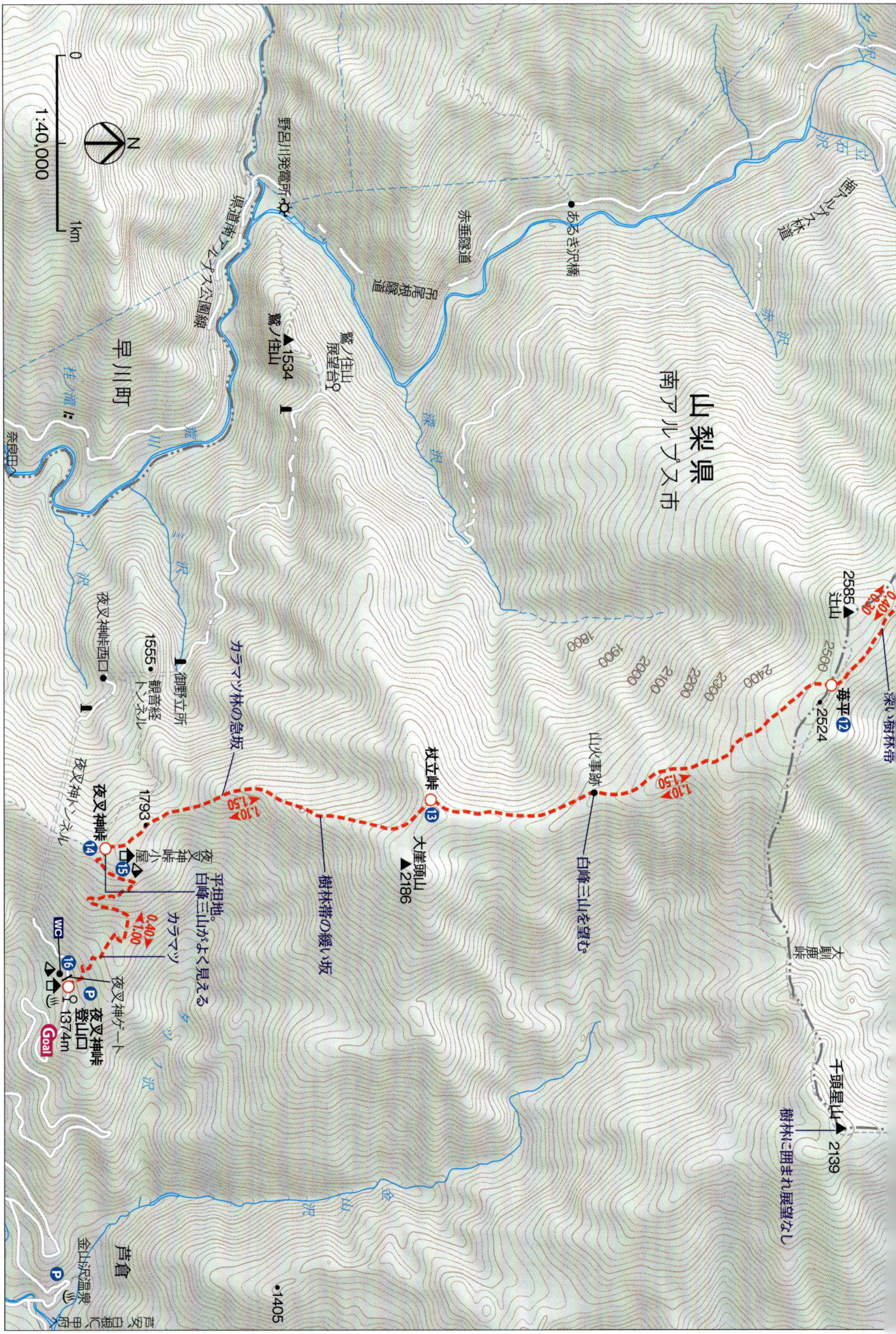

山梨県
南アルプス市
早川町
1:40,000
0
1km
N
野呂川発電所
県道南アルプス公園線
赤薙隧道
あるき沢橋
南アルプス林道
鷲ノ住山
1534
鷲ノ住山展望台
深沢
赤沢
桂ノ滝
奈良田
辻山
2585
苺平
2524
深い樹林帯
0:40
0:30
1:10
1:50
山火事跡
白峰三山を望む
杖立峠
大崖頭山
2186
樹林帯の緩い坂
カラマツ林の急坂
1793
夜叉神峠
夜叉神峠小屋
平坦地。白峰三山がよく見える
カラマツ
0:40
1:00
夜叉神ゲート
夜叉神峠登山口
1374m
Goal
WC
夜叉神トンネル
夜叉神峠西口
観音経トンネル
御野立所
1555
千頭星山
2139
樹林に囲まれ展望なし
芦倉
金山沢温泉
1405

38

展望の山ふたつをめぐる周遊コース

# 甘利山・千頭星山

あまりやま 1742m
せんとうぼしやま 2139m

日帰り

歩行時間＝6時間10分
歩行距離＝12・5km

技術度
体力度

コース定数＝28
標高差＝499m
累積標高差 ↗1255m ↘1255m

甘利山頂上風景

大笹池

レンゲツツジで有名な甘利山は、県道甘利山公園線で山頂直下まで車で登れてしまうが、中腹の椹《さわら》池からの登山道があるのでこれを登ってみよう。さらに千頭星山に登り、大笹《おおざさ》池を経由して下るコースを組み合わせれば、変化に富んだハイキングとなるだろう。

**椹池**の駐車場に車を停める。池畔の白鳳荘《はくほうそう》の横を進むとすぐ左に道を分けるが、帰りはここに出てくることになる。

いったん県道に出て、カーブの突端からまた山道に入る。再び県道に出ると今度はしばらく車道歩きとなる。

屈曲を繰り返したあと、再び山道に入るが、ここを見逃すとおそろしく遠回りになる。次に県道と合流するのは広河原《ひろがわら》駐車場の脇で、甘利山まではわずかである。

**甘利山**頂上一帯からは富士山をはじめ、甲府盆地をめぐる山々の眺めがすばらしい。西には長く平坦な頂稜をもつ千頭星山が見える。

いったん西の鞍部に下ると北(右)に県道への分岐がある。そのすぐ先で南(左)に**大笹池への分岐**があって、帰りはこれに入る。

奥甘利山をかすめて次の鞍部に下り、急登を2度こなせば**御所山《ごしょやま》分岐**にたどり着く。

南に進むと広いササ原に出る。モミやカラマツを適度に配したさまは、まるで一幅の絵でも見るようだ。西には地蔵岳《じぞうだけ》のオベリスクが天を指している。行く手のこんもりとした森が**千頭星山**の頂上で、あいにく展望はない。

**大笹池分岐**まで往路を戻る。池まではいっきの下りである。**大笹池**は御庵《おあん》沢の源頭にあって、幽邃な雰囲気をもつ。

池から東に南甘利山への道をたどる。**南甘利山**の先で、甘利山からの道を合わせたのち、南向きの広い尾根を下る。尾根上にある1430㍍《メートル》ピークとの鞍部から、道は東へ向きを変え、山腹をからんで続く。祠がかたわらに置かれた沢をまたぐと、まもなく出発点の**椹池**へと戻る。

■鉄道・バス
往路・復路＝利用できる公共交通機関はないため、マイカーかJR韮崎駅からタクシーを利用する。
■マイカー

## CHECK POINT

1 椹池畔に建つ白鳳荘。小屋に向かって左側から登山道がはじまる

2 車道をしばらく歩いたあと再び山道に入る。この分岐には特に注意すること

3 椹池から山道と車道を歩き広河原に出る。甘利山入口にはつつじ苑がある

4 広河原から甘利山まではそれこそあっという間で、すぐに大展望が広がる

5 甘利山の頂上一帯は広いが、植物保護のため自由に歩き回るわけにはいかない

6 御所山の分岐を見ると傾斜は緩んで、千頭星山の広大な頂稜に入っていく

7 千頭星山の最高点は木々に囲まれて展望はなく、三角点がポツンとある

8 往路を下って、甘利山への登りがはじまる鞍部から大笹池へと下降する

椹池畔に無料の駐車場がある。中央自動車道韮崎ICから約13・5キロ。

■登山適期

一般的にはレンゲツツジの花期である6月中~下旬だが、この時期の週末は混雑が激しい。12月初旬~4月下旬までは県道が通行止めとなる。

■アドバイス

▽千頭星山をはずしたり、大笹池をはずしたり、もしくは広河原まで車を入れて甘利山と千頭星山を登ったり、よりどりみどりの案ができる。

▽5月下旬~11月上旬の土曜・休日と一部平日に限り、JR韮崎駅から椹池、甘利山駐車場（広河原）間を結ぶ乗合タクシー「甘利山タクシー」が運行される（乗車前日17時までに専用サイトから要予約）。

▽県道甘利山公園線の起点をわずか北に行くとノーベル賞の大村博士が建てた白山温泉（☎0551・22・5050）と韮崎大村美術館がある。

■問合せ先

韮崎市役所☎0551・22・1111（グリーンロッジも）、南アルプス市役所☎055・282・1111、YKタクシー韮崎営業所☎0551・22・2435、甲斐タクシー☎0551・22・0255、韮崎タクシー☎0551・22・2235

■2万5000分ノ1地形図

韮崎・鳳凰山

雨乞岳から見た日向山

# 39

## 登ってこそわかる、山上の砂浜の奇観

# 日向山

ひなたやま
1660m

日帰り

歩行時間＝4時間15分
歩行距離＝7・6㎞

技術度

体力度

| | |
|---|---|
| コース定数＝**20** | |
| 標高差＝882m | |
| 累積標高差 | ↗ 973m |
| | ↘ 973m |

日向山は地味な山容で、見る方向によっては背後の甲斐駒《かいこま》ヶ岳《たけ》などに埋もれてわかりにくいが、頂上の北から西にかけて、夏でも雪と見紛う白ザレの広がりが見える方角からだけはすぐにわかる。「雁《がん》ヶ原《はら》」とよばれる白ザレで、これこそがこの山に登って誰もが満足する奇観なのである。

雁ヶ原と八ヶ岳

矢立石《やたていし》登山口まで車が入るが、林道は狭いうえに駐車スペースもわずかしかないため、特に春秋の休日にはごったがえす。多少は歩行時間が増えても、広い駐車場のある尾白川《おじろ》渓谷入口から登った方が気が楽だし、矢立石までの登山道は歩くに値する道である。

**尾白川渓谷駐車場**から尾白川渓谷へと続く道は竹宇駒ヶ岳神社を経て甲斐駒ヶ岳にいたる登山道でもある。神社の手前から日向山への道が分かれる。駒ヶ岳神社はすぐ先なので、行きか帰りに参拝するとよいだろう。

登山道は広葉樹に覆われ、春秋はことに楽しく歩ける。いったん車道に出たらわずかに左へ進み、カーブの突端から再び山道に入って急登すると**矢立石登山口**に着く。

ここから尾白川林道を歩いて錦《にしき》滝経由で登るとうまく周回できたのだが、2024年11月現在、林道の崩壊により通行止となっている。現状は尾根道を往復する以外にはない。

■鉄道・バス
JR長坂駅からタクシーを利用（約12㌔）するか、マイカーで。

■マイカー
中央自動車道長坂ICから約12・8㌔で尾白川渓谷駐車場。

■登山適期
5月中旬～6月中旬と10月～11月中旬が特におすすめの時期。

■アドバイス
▽頂上から見下ろすと、大きな建物が並んでいる。サントリー白州工場のウイスキー樽の貯蔵庫である。また、国道20号から日向山方面に入ったところに、シャルマンワインのワイナリーがある。甲斐駒ヶ岳に多くの登攀記録をもつ、東京白稜会の恩田善雄氏寄贈の甲斐駒ヶ岳研究資料が展示され、工場とともに無料で見学できる。

■問合せ先
北杜市役所☎0551・42・1111、大泉タクシー長坂駅営業所☎0120・38・2312、北杜タクシー☎0551・32・2055、小淵沢タクシー☎0551・36・2525、シャルマンワイン山梨ワイナリー☎0551・35・2603

■2万5000分ノ1地形図
長坂上条

林道を横切ってわずかに登ったところにある大岩が矢立石である。相変わらず美しい広葉樹の中を登る。傾斜が少し緩むと八《やつ》ヶ岳《たけ》方面が見わたせる場所もある。再び傾斜が強まるが、道はジグザグに歩きやすくつけられている。やがて傾斜が緩むころには、あたりはカラマツの植林地になっている。自動雨量計を見ると頂上まであとわずかである。日向山三角点は登山道からわずかに離れたところにある。

天然のカラマツが多い平坦な林を抜けると、まるで砂浜のような**雁ヶ原**の白い斜面に飛び出す。それまで展望には乏しかったので、なおさら目の覚めるような光景に驚かされることだろう。

広大な山上の砂浜で存分に展望を楽しんだら、帰りは往路を忠実に戻る。

## CHECK POINT

甲斐駒ヶ岳登山口でもある尾白川渓谷駐車場は広く、トイレなども整備されている

竹宇駒ヶ岳神社の手前から日向山への登山道が分かれる。広葉樹に覆われた歩きやすい道である

矢立石登山口までは車が入るが、駐車スペースが狭く、休日にはごった返すことが多い

登山道の上部は、あたりがカラマツの植林地となり、特に新緑や黄葉の時季はみごとだ

頂上三角点は登山道からわずかに離れた展望のない林の中にポツンとある

夏なお白い甲斐駒ヶ岳の花崗岩の地質が日向山にもおよんで白ザレの奇観をつくっている

急傾斜で落ちこむ白ザレの向こうには、広大な裾野を持つ八ヶ岳が眺められる

往路を忠実に戻ったら、登山の無事を感謝して、竹宇駒ヶ岳神社に参拝しよう

40

# 雨乞岳

## 気軽に登れるようになった、県北西部の大きな山体

あまごいだけ
2037m

日帰り

歩行時間＝5時間30分
歩行距離＝9・0km

技術度 ■□□□□
体力度 ■■□□□

| | |
|---|---|
| コース定数 | ＝23 |
| 標高差 | ＝877m |
| 累積標高差 | ↗938m ↘938m |

←日向山からの雨乞岳

かつては好事家のみが登る山だったのが「山梨百名山」に選ばれてからは知名度も上がり、新たに平久保池《へいくぼのいけ》のほとりからすばらしい登山道も整備され、誰にでもおすすめできる山となった。

←頂上から下界を見下ろす

登山口まではタクシーかマイカーに頼るしかない。登山道は**平久保池**の北端からはじまる。最初は整備された遊歩道を登る。木段が多いが、幸いにも段差がなくて歩きやすい。それにしても標高差３００メートルあまりもこの歩道が続くのには閉口する。

途中２ヶ所ある分岐は、いずれも平久保池の南側へ下る遊歩道の分岐である。３番の道標のある分岐で**遊歩道は終わる**。ここから下っている道は平久保池のやや南で車道に出る。

やっと山道らしくなった道は、おそらく古くからあった仕事道に手を加えたのだろう、実に歩きやすい傾斜で、尾根上のコブは巧みにからんで先へ進む。沢に近づくあたりまで、周

**■鉄道・バス**
往路・復路＝バス便はなく、JR小淵沢駅からタクシーを利用するか、マイカーとなる。

**■マイカー**
登山口の平久保池の先に10台程度の登山者用駐車場がある。中央自動車道小淵沢ICから約12キロ。

**■登山適期**
冬を除く三季。樹林のよさを楽しむには5月半ばから6月と、10月半ばから11月にかけてがいい。

**■アドバイス**
▽平久保池周辺はヴィレッヂ白州という20棟ほどのコテージからなる宿泊施設。家族連れならここへ泊まってゆっくりと登山を楽しむのもいいだろう。
▽タクシー利用の場合は、旧来の石尊神社への道を下った方が運賃が安上がりだが、初心者のみの場合は往路を戻る方がいい。
▽平久保池から北へ車道を下ると、国道20号に合流する手前に北杜市営塩沢温泉があって、登山後の入浴に最適である。
▽下りに変化をもたせたいなら、遊歩道に出てから登りと違う道を下ってもいいが、3番の道標からはじまる道はいささか荒れているし、平久保池からかなり離れたところに出てしまう。

**■問合せ先**

囲の広葉樹林のすばらしさは特筆すべきもので、新緑・黄葉にこそ歩いてみたい道である。

右手に**水場**のある沢が近づくが、渇水期には涸れていることがある。沢筋を離れ、山腹をやや急に登り、4番の道標のあるところで明瞭な尾根に乗るとさらに傾斜は強まる。

やがてガレ場の上にさしかかると、はじめて展望が開ける。日向《ひなた》山《やま》の白ザレの上に富士山、日向八《ひなたはっ》丁《ちょう》尾根の上には甲斐駒《かいこま》ヶ岳《たけ》がきれいな三角形を見せる。ここまで来ればあとひと登りで傾斜が緩む。

平坦になった道はカラマツの植林地に続くが、深いササに半ば埋もれている。5番の道標で方向を変え、頂上への尾根筋に入る。左手は時折明るく開け展望もきくが、右手はあくまで暗い森である。

さほどの急な登りもないまま**雨乞岳**頂上に着く。東側に丈の短いササ原が広がり、これまでに眺めた山々に八《やつ》ヶ岳《たけ》や奥秩父《おくちちぶ》が加わる。ゆっくりと眺めを楽しんだら往路を戻ろう。

北杜市役所☎0551・42・1111
■2万5000分ノ1地形図
小淵沢・信濃富士見・長坂上条・甲斐駒ヶ岳

## CHECK POINT

平久保池からはじまる歩道は延々と木段の登りが続くが段差はきつくない

遊歩道から美しい樹林帯の山道に入る。水場はあてにできないこともある

4番の道標をすぎると、ガレ場の縁に出て、甲斐駒や富士山が眺められる

頂稜に出るとカラマツ林の下のササ原を歩くようになる。年によってはササが深い

頂上三角点の東から南にかけては開けているが、北側には黒い森が迫っている

甲斐駒ヶ岳は、日向山から大岩山へのびる日向八丁尾根に下半身を隠している

41

# 櫛形山

## 南アルプスをも隠す大きな山体は植物の宝庫

くしがたやま
2052m（奥仙重）

日帰り

歩行時間＝4時間20分
歩行距離＝9・0km

技術度 ★☆☆☆☆
体力度 ★☆☆☆☆

コース定数＝19
標高差＝202m
累積標高差 ↗780m ↘780m

蛾ヶ岳から見た櫛形山。背後に白峰三山が連なる

奥仙重から駐車場へ向かう道

白峰《しらね》三山の南に連なる白峰南嶺《しらねなんれい》の峰々があまり話題にならないのは、突出した山容をもつ山がないこともあるが、その前衛にある膨大な図体の櫛形山《くしがたやま》に隠されて、麓から見えないからである。名前通り和櫛の背のような長くて広い頂稜には豊かな植生がある。かつては大群落をつくったアヤメ平や裸《はだか》山《やま》のアヤメは、今では保護柵の中に咲くだけだが、変わらないのはその原生林で、それを味わうだけでもこの山の価値はある。2013年に山頂のわずか西まで達する池《いけ》の茶屋《ちゃや》林道の終点から、山の西側を通ってアヤメ平に通じる歩道が開通した。それを使って周遊してみよう。

**林道終点**の駐車場から戻るように、車道と並行する歩道へ入る。**北岳展望デッキ**までは車椅子でも行けるようになっている。デッキから先はトレッキングコースとなって、アヤメ平までかなりの高低差を登降する。途中には休憩所やトイレもある。

**■鉄道・バス**
往路・復路＝バス便はない。タクシーはJR身延線市川大門駅か鰍沢口駅から利用する。池ノ茶屋林道登山口まで約1時間20分。

**■マイカー**
中部横断自動車道増穂ICから約20㌔。池ノ茶屋林道終点に約20台収容の駐車場がある。

**■登山適期**
6～10月がシーズン。5月と11月は山頂付近の新緑・紅葉は楽しめなくても、山麓では美しいころだ。アヤメの花期は7月初～中旬だが、近年は鹿柵の中でしか見られない。

**■アドバイス**
▽裸山は富士山と北岳を結ぶ直線上にある。よって、日本一の富士山を望んだあと180度回転すれば日本第二の北岳を望むことになる。

**■問合せ先**
南アルプス市役所☎055・282・1111、富士川町役場☎0556・22・1111、豊栄タクシー（市川大門駅）☎0556・22・1115、鰍沢タクシー（鰍沢口駅）☎0556・22・1122

**■2万5000分ノ1地形図**
小笠原・夜叉神峠

**もみじ沢**まで下ると道はアヤメ平への登りに転じる。アヤメ平が近づくと、とても植林のカラマツとは同じ木とは思えないような天然のカラマツが次々に現れて壮観だ。広い**アヤメ平**の一角に入ると保護柵のある道を歩くようになる。

　避難小屋から**裸山**へ向かうと、すぐに原生林コースを分ける。どちらへ行ってもバラボタン平の手前でまた合流する。花の時季でもなければ原生林コースを推奨する。

　コースが合流したあとは草原の広がる**バラボタン平**を通り、頂上の奥仙重《おくせんじゅう》と祠頭《ほこらあたま》への道を分ける。ひと登りで着く**櫛形山の山頂標識**があるところは原生林に囲まれ、実にしっとりとしている。

　原生林を下ったのち再び登れば三角点がポツンとある奥仙重だ。ここからは原生林はなくなるが、明るい道となって、**林道終点**まで気分よく下れるだろう。

## CHECK POINT

2013年、池の茶屋登山口から櫛形山の西側を巻く歩道が完成し、この山に新しい周回コースができた

北岳展望デッキまでは車いすも通行可能だが、傾斜を抜くぶん、かなり迂回して歩くことになる

新歩道でもっとも低い地点がもみじ沢で、歩道全体としてはかなりの標高差を上下する

樹形のすばらしい天然カラマツが現れだすと、アヤメ平に到着する。鹿柵が張り巡らされている

アヤメ平から裸山コースか原生林コースのいずれかを通れば櫛形山山頂標識がある。展望のない森だ

山頂標識から太古の森を下り、登りに転じると周囲はカラマツ林になって、三角点のある奥仙重に出る

奥仙重からは、緑の中に一筋の道が続き、気分よく歩ける。途中の大きなダケカンバが撮影ポイントだ

尾根の突端で道は屈曲し、やや傾斜の強い斜面をジグザグを切りながら下り、林道終点の駐車場へと戻る

42

# 富士見山

## 富士川右岸に壁のように立ちはだかる山

日帰り

ふじみやま 1640m

歩行時間＝5時間40分
歩行距離＝7・5km

技術度

体力度

コース定数＝24

標高差＝945m

累積標高差 1125m 1125m

山麓からの富士見山

富士山が見えるのは当たり前の甲州の山で、「富士見」を名乗るのは珍しい。しかし名乗るわりにはことさらに富士山の眺望にすぐれる山だとは思えない。むしろ悪沢《わるさわ》岳《だけ》、赤石岳《あかいしだけ》など南アルプスの展望と、中腹以上の樹林のすばらしさがこの山の持ち味だと思う。

富士川に沿って南下する国道52号を、身延町役場の手前で右折。寺沢《てらさわ》川に沿って久成《くなり》に着くと、道の両脇におびただしい数の句碑を見る。突き当たった車道を左にわずかで堂平《どうひら》に着く。幟をはためかせているのが甲斐やすらぎの宮で、ここに下山してくることになる。**平須《ひらす》登山口**はその先、富士観《ふじみ》橋を渡ってすぐである。麓にある念《ねん》力大国《りきだいこく》神社の奥ノ院が富士見山展望台（三角点ピークの手前）とされているので、その参道を兼ねる登山道は急だが、よく整備されている。途中、山腹をトラバースして尾根から尾根に渡る部分は、傾斜は緩いが、少々足もとが悪い。それが終われば、とにかくひたすら登り続けるのみである。

展望台からの富士

傾斜が緩み、頂稜にたどり着けば、南へひと登りで**富士見山展望台**である。祠や木札などがところ

**■鉄道・バス**
往路・復路＝平須登山口へは、JR身延線甲斐岩間駅からタクシーを利用する。所要25分前後。

**■マイカー**
登山口のある平須へは、中部横断自動車道六郷ICから約9キロ、所要20分前後。

**■登山適期**
新緑の5月と紅葉の10月がよい。

**■アドバイス**
▽マイカーは平須登山口手前の大型バス駐車場から奥に進んだ駐車場へ。
▽『甲斐国志』では鈴ヶ森山である。三角点名が富士見山なので、明治時代に行われた測量時に便宜上つけた点名がそのまま山名になったのだろう。
▽逆コースは、平須への道がすこぶる急坂なので、膝の弱い人は避けたほうがいいだろう。
▽国土地理院地形図の矢細工に下る道は廃道である。
▽国道52号をわずかに北上し、峡南橋で富士川を渡ったところにつむぎの湯（☎0556・20・2651）がある。

**■問合せ先**
身延町役場☎0556・42・2111、中富タクシー☎0556・42・2151

**■2万5000分ノ1地形図**
切石

狭しとある。最高点はさらに20分ほど先の地点で、眺めのないカラマツ林に**三角点**があるだけなので、展望台で富士見山の頂上としても問題はあるまい。「山梨百名山」の標柱は律儀に三角点ピークに立てられているので、こだわる人は往復してくるとよい。

帰りは先ほど登りついた分岐まで戻り、そのまま尾根伝いに御殿山《ごてんやま》方面へ小さなコブを越えたところから**堂平への下山道が分かれている**。富士川町との境界尾根に出たあたりからしばらくがこの道の白眉で、何本もあるブナの大木を縫って歩いていると、うっとりしてしまう。**造林小屋**が現れると、あとはヒノキやスギの植林地となり、**甲斐やすらぎの宮**の裏手に出る。

## CHECK POINT

富士川沿いの山はスギやヒノキの植林地が多いが、この山も平須登山口からしばらくはヒノキ林の下を登る

あたりが自然林になって、山腹をわりと長くトラバースする。途中、ロープの張られたところもある

トラバースが終わると、左手に崩壊地を見ながらひたすら登る。とにかく容赦のない登りである

頂稜に出ると南へひと登りで展望台に着く。麓の念力教会の奥ノ院で、木札が多くぶら下がっている

展望台を山頂としても構わないように思うが、三角点ピークがわずかながら高いので往復してもよい

堂平へ下るには、平須分岐からさらに北へ進む。分岐をすぎたところに鳥居と石祠がある

堂平分岐。ここからまず山腹を斜めに下り、やがて町界尾根に乗る。ブナなどの大木の多い尾根である

造林小屋まで下るとあたりはヒノキの植林地になる。暗い植林地内の道を下り。甲斐やすらぎの宮に着く

# 43

## 日蓮宗総本山の山。荘厳な参道を山頂奥ノ院へ

# 身延山

みのぶさん
1153m

日帰り

歩行時間＝4時間35分
歩行距離＝11・0km

技術度
体力度

| | |
|---|---|
| コース定数 | ＝23 |
| 標高差 | ＝893m |
| 累積標高差 | ↗1100m ↘1100m |

日蓮宗総本山久遠寺《くおんじ》がその麓にあり、奥之院が頂上にある。すなわち山全体が境内のようなものである。奥之院まで50の丁目石を数える表参道を登り、裏参道を下る周遊コースが整備されている。

富士川をへだてた醍醐山からの身延山

参道からはときおり富士川上流の展望が開ける

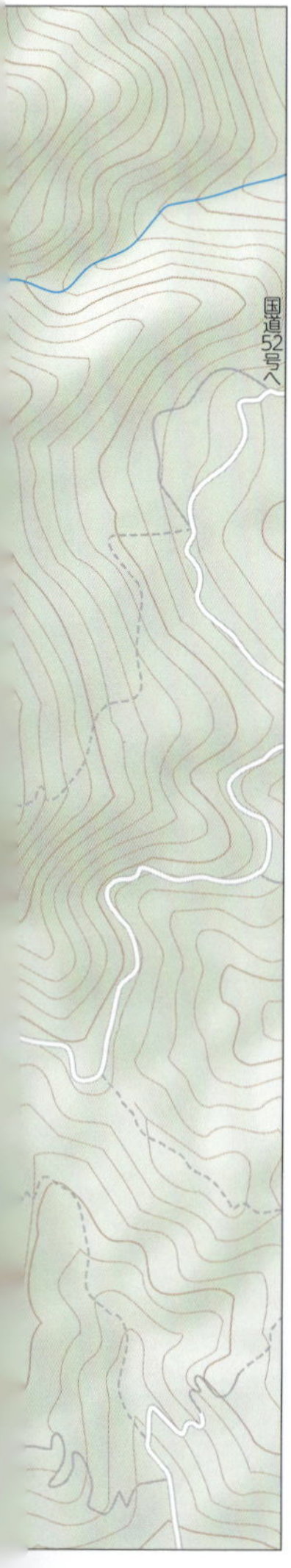


ＪＲ身延線身延駅前からのバスは富士川を渡って門前町に入っていく。**身延山バス停**で降り、巨大な三門をくぐって、まず287段の石段「菩提梯《ぼだいてい》」を登る。登り着いた正面に**久遠寺本堂**、その背後にロープウェイの奥之院駅が見えている。本堂に向かって左の奥から参道がはじまる。車も通れる舗装路だが、一般車は入れないのでのんびり歩ける。うっそうとした杉木立の中は荘厳な雰囲気で、数々の宗教建築や石造物が参道脇に多い。**尼僧法団本部**前にところ狭しとひしめく無縁仏は圧巻だ。

やがて二十五丁目の大光坊《だいこうぼう》に着く。すぐ上の明るい台地に**三光堂**《さんこうどう》がある。休憩舎やトイレもあるので一服するのに好都合だ。見下ろす富士川はぐっと低く、見上げる頂上は近くなっている。

ここから尾根筋につけられた砂利道となる。途中、何ヶ所かで展望が開ける。徐々に傾斜が増して**法明坊**《ほうみょうぼう》に着く。道は尾根から山腹の暗い杉林へ入っていき、ひと登りで奥之院の一角に出る。天子《てんし》山塊の上に富士山が大きく顔を出している。思親閣《ししんかく》への階段を登り、参拝をすませたら、その裏手の頂上へ行こう。**身延山**山頂からは南アルプスのパノラマがすばらしい。

下りは、ロープウェイの駅前から尾根通しに続く車道を赤沢宿の追分、**感井坊**《かんせいぼう》へと下る。ここから尾根をはずれて、山腹につけられた林道を行く。

途中の千本杉は下りコースの圧巻といえる。巨木に囲まれている

と時間を忘れそうになる。深く切れこんだ沢を越すと、まもなく**松《しょう》樹庵《じゅあん》への道標**があり、山道へ入る。
3回林道を横切ると**妙石坊《みょうせきぼう》**に着き、石段を下ったところで舗装路に出る。道なりに下れば三門に戻る。

頂上の一角に着くと富士と富士川の流れが眺められる

山頂からの南アルプス。右端は富士見山

## CHECK POINT

1 三門から本堂へと続く287段の菩提梯。登り切れば涅槃に達するという

2 登りついた本堂の背後には山頂が。本堂前の五重塔は2009年に再建された

3 25丁目大光坊にある三光堂で舗装路歩きが終わるが、幅広い砂利道が続く

4 法明坊までは尾根歩き。ここから尾根をはずれ、植林地の山腹を登り奥ノ院へ

5 林を抜けると頂上の一角に出る。石段を登って仁王門をくぐる

6 思親閣で参拝を済ませたら、正面左手を通って山頂へ向かう

7 ロープウエイの駅前まで来ると、富士山の展望台がある

8 山頂から車も通れる道を下ると感井坊に着く。裏参道と赤沢宿の追分である

9 林道を下っていくと、千本杉がある。大杉が何本もあって壮観だ

10 道標に従って林道から山道へと入り、林道を横切ってさらに下ると松樹庵に着く

11 3回林道を横切り、妙石坊に。日蓮聖人が座って説法したという高座石がある

12 妙石坊の石段を下ると舗装路に出る。あとは沢沿いの道なりに三門へと戻る

■鉄道・バス
往路・復路＝JR身延線身延駅から山梨交通バス12分、終点の身延山下車。新宿から直通バスも運行。

■マイカー
中部横断自動車道身延山ICから約6・5キロ、15分前後。ロープウェイの駅下に有料駐車場がある。

■登山適期
参拝をかねた登山と考えれば、年中登山シーズンといえるが、標高が低いので、真夏は暑い。逆に真冬であっても安心だが、軽アイゼンは必要。

■アドバイス
▽片道にロープウェイを使うのも手だが、登りぐらいは自分の足を使わなければ登山にならない。
▽例年3月末〜4月はじめのシダレザクラの開花時には相当混み合う。登山道はさほどではないにしろ、登山道に入るまでがたいへんである。
▽感井坊から願満稲荷への破線路は山抜けにより寸断され、危険なので入ってはならない。
▽国道52号を少し南下し、大城方面へ入ったところに町営門野の湯（☎0556・62・2221）がある。

■問合せ先
身延町役場☎0556・42・2111、身延山ロープウェイ☎0556・62・1081

■2万5000分ノ1地形図
身延

↑富士山遥拝所からの朝の富士

# 44 七面大明神を祀る、山上の大伽藍

# 七面山

しちめんざん 1989m

歩行時間＝8時間25分
歩行距離＝11・5㎞

日帰り

技術度

体力度

コース定数＝36

標高差＝1489m

累積標高差 ↗1590m ↘1775m

見るからに険しい七面山の頂上近くには、天上の楽園のような平坦地があり、碧水をたたえた池がある。そのわきには、この山をどこからでもそれとわからせる大崩壊地、ナナイタガレがある。春秋の彼岸に富士山の頂上からの旭光がこの天上の水面に差しこむという。

←彼岸の中日には富士の頂上から放たれた旭光が随身門を通り、本堂の七面大明神を照らすという

身延山《みのぶさん》から見上げる位置にある、この絶妙の配材の山中に堂宇を建てようという日蓮聖人の宿願が、死後に衣鉢を継いだ高弟日朗によって果たされたのは13世紀末、鎌倉時代のこと。今にいたる七面山信仰のはじまりである。

ＪＲ身延線下部《しもべ》温泉駅から登山口の角瀬《すみせ》まではバス、羽衣《はごろも》へはタクシーに乗り換える。

**羽衣**を起点とする表参道はその名の通り登拝路で、荘厳な雰囲気の杉木立の中に広くて歩きやすい道が続く。白装束の信者の往来が多く、登山の服装をした人はむしろ少ない。敬慎院《けいしんいん》まで五十丁を数える丁目石を目安にひたすら登っ

■**鉄道・バス**
ＪＲ身延線下部温泉駅から早川町乗合バス奈良田行き約25分の七面山登山口・赤沢入口バス停（角瀬）下車。タクシーに乗り換えて羽衣の登山口へ。下部温泉駅からタクシーに乗れば、羽衣まで約20分。

■**マイカー**
中部横断自動車道下部温泉早川ICから約15㌔、約20分で羽衣へ。駐車スペースはかなりある。下山時はタクシーで駐車場所までもどればよい。

■**登山適期**
通年歩けるが、冬はそれなりの装備が必要。静かな山歩きを望むのなら、宗教上の祭日付近は避けること。

■**アドバイス**
▽日帰りとしてあるが、相当厳しい。それにこの山は敬慎院に泊まってこそ意味がある。宿坊では生臭ものはいっさいご法度で、朝夕の勤行に参加しなければならない。山全体が宗教上の聖地であるから、登山者といえども配慮は必要である。

■**問合せ先**
早川町役場☎0556・45・2511、俵屋観光（早川町乗合バス・タクシー）☎0556・45・2500、すみせタクシー☎0556・45・2062、敬慎院☎0556・45・2551

■**2万5000分ノ1地形図**
七面山・身延

ていく。ところどころベンチもあったり、4軒の坊もあるので休み場所にはこと欠かない。

広葉樹が多くなってくると、そろそろ四六丁和光門《わこうもん》である。門をくぐって**敬慎院**境内に入る。鐘楼で左に折れ、坂を登りきると富士山遥拝所である。その隅に建つ随《ずい》身門《しんもん》から下ると敬慎院本堂や宿坊が立ち並ぶ。よくぞこの深山に造ったという伽藍である。

頂上へは富士山遥拝所から続く登山道を行く。運搬ケーブルの発着所を左に見ると、道はかぼそくなるが、やっと登山道らしくはなる。ナナイタガレの縁を登ってたどり着いた**七面山**頂上は小広く伐採されて明るいが、展望はさほどよくない。南へ往復1時間の希望《きぼう》峰《ほう》へ行くと南アルプスの大パノラマをほしいままにできる。

往路を**敬慎院**まで下ったら、山上庭園のような道を影嚮石のある**奥之院**まで歩き、本堂裏手から**角瀬**へと北参道を下る。標高差1300㍍を超える厳しい下りである。

## CHECK POINT

1

羽衣の表参道入口。春木川を対岸に渡ると白糸の滝とお万の方の像がある

2

参拝の道は歩きやすく、さほど疲れないまま和光門で敬慎院の境内に入る

3

和光門から、鐘楼を通り過ぎ、さらに登ると富士遥拝所の前に随身門がある

4

随身門からは普通の登山道になる。すでにあたりは深山の雰囲気である

5

七面山をそれとわからせるのがすさまじく崩壊しているナナイタガレである

6

ナナイタガレの淵に登山道は続く。平坦な林を通り抜けると三角点がある

7

広い頂上は展望はない。南の希望峰まで行けば南アルプスのパノラマが広がる

8

随身門から下に見えるのが敬慎院本堂で、この方向に朝日が射し込むのである

9

よくぞこの深山に造ったものだと思わせる伽藍。千人が収容できるという

10

本堂の裏手には一之池という、碧水をたたえた池がある。神秘的な色である

11

敬慎院から平坦な道をいくと奥之院。前には影嚮石（ようごうせき）がある

12

奥ノ院から角瀬へと、1300㍍におよぶ厳しい下りがはじまる

13

裏参道は表参道に較べると、普通の登山道に近いが、歩きにくいわけではない

14

標高1000㍍の安住坊の境内には山梨県指定の天然記念物、大トチノキがある

15

杉並木の平坦な道になると、休憩舎を経て尾根筋を離れ、山腹を下る

16

神仏混淆の名残りだろうか、北参道の入口には大きな赤鳥居がある

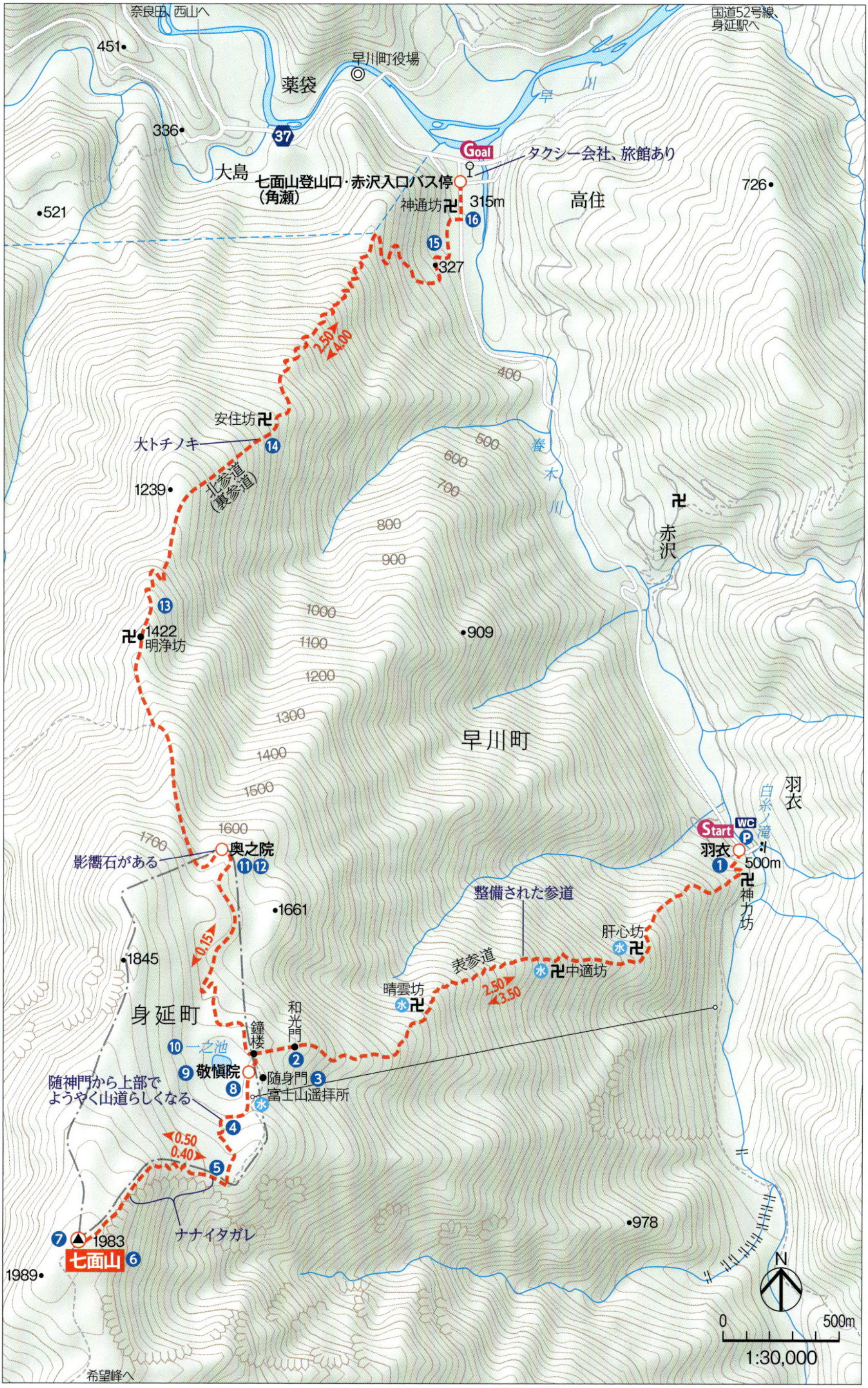
奈良田、西山へ
国道52号線、身延駅へ
451
早川町役場
薬袋
早川
37
336
Goal
タクシー会社、旅館あり
大島
七面山登山口・赤沢入口バス停
(角瀬)
神通坊
315m
高住
726
521
16
15
327
2.50
4.00
400
500
600
700
800
900
1000
1100
1200
1300
1400
1500
1600
1700
春木川
安住坊
大トチノキ
14
北参道
(裏参道)
1239
赤沢
13
1422
明浄坊
909
早川町
羽衣
白糸ノ滝
Start
WC
P
羽衣
1
500m
神力坊
影嚮石がある
奥之院
11 12
1661
整備された参道
肝心坊
水
表参道
中適坊
0.15
1845
晴雲坊
2.50
3.50
身延町
和光門
鐘楼
2
10 一之池
9 敬慎院
8
随身門
3
富士山遥拝所
随神門から上部で
ようやく山道らしくなる
4
0.50
0.40
5
ナナイタガレ
978
7
1983
七面山
6
1989
N
0
500m
1:30,000
希望峰へ

# 45 篠井山

しのいさん
１３９４ｍ

## 駿河に近い富士川右岸にそびえる堂々たる山容

日帰り

歩行時間＝３時間40分
歩行距離＝５・０km

技術度
体力度

| | |
|---|---|
| コース定数 | ＝16 |
| 標高差 | ＝684m |
| 累積標高差 | 770m / 770m |

山梨県内ではさして高いとはいえない山だが、県内では最も標高の低い南部町にあるので、麓との比高は１０００メートルを軽く超える。町内を流れる富士川畔から望む、四方八方に長大な尾根を張り出した山容は、古来ご神体としてあがめられてきたというのにも納得させられる、堂々としたものである。険しさも相当なもので、登山道は数本あるが、初心者でも安心なのは、車で徳間《とくま》から福士《ふくし》渓谷沿いの林道を奥山《おくやま》温泉の奥まで入ったところにある大洞《おおぼら》橋からはじまる登山道である。

富士川べりからの篠井山

南峰頂上からの富士山

**大洞橋**のたもとから車道を歩くことわずかで、沢を右岸に渡って**山道となる**。すぐに左岸に戻って、この地方らしい植林地の中を沢沿いに標高を上げていく。沢音が高まると、**明源《みょうげん》ノ滝**を行く手に見、東から主流に流れこむ沢を渡る。明源ノ滝の上部はナメ滝となっていて、それを左に見ながら急斜面を登ると、また緩やかな流れに沿う道となる。

やがて沢の二俣の間の尾根を急登して、**渡《わた》り場《ば》ノ頭《あたま》**という、大洞沢源流近くの滝場の上部で左岸に渡る。この先水場はない。

ここからはヒノキの植林地の中に歩きやすくつけられた道をひたすら登っていく。植林地が終わり、広葉樹が多くなって山が明るくな

■**鉄道・バス**
バス便はないので、ＪＲ身延線内船駅からタクシーを利用する。所要45分前後。

■**マイカー**
登山口へは中部横断自動車道富沢ICから約15キロ、所要約35分。登山口前に10台ほどの駐車スペースがある。

■**登山適期**
新緑と紅葉のシーズンがよい。車で通る福士川渓谷もその時季が最適。ただし、新緑の頃にはすでにヒルが発生しているので、対策が必要だ。

■**アドバイス**
▽登山口から頂上までの３・４キロには、１００メートルごとに距離ポストがあって、目安になる。
▽近年富士川右岸の山ではヒルの発生が多数報告され、この山でも例外ではない。それを避けるには秋から早春にかけて登るしかない。
▽登山口近くの奥山温泉（☎０５５６・６６・３３６６）は宿泊もでき、近くにはキャンプ場もあるので、せっかくここまで来たのなら一泊して、青笹、高ドッキョウ、十枚山あたりを合わせて登るのもよいと思う。

■**問合せ先**
南部町役場南部分庁舎☎０５５６・６４・３１１１、南部交通☎０５５６・６６・２１２５

■**２万５０００分ノ１地形図**
篠井山

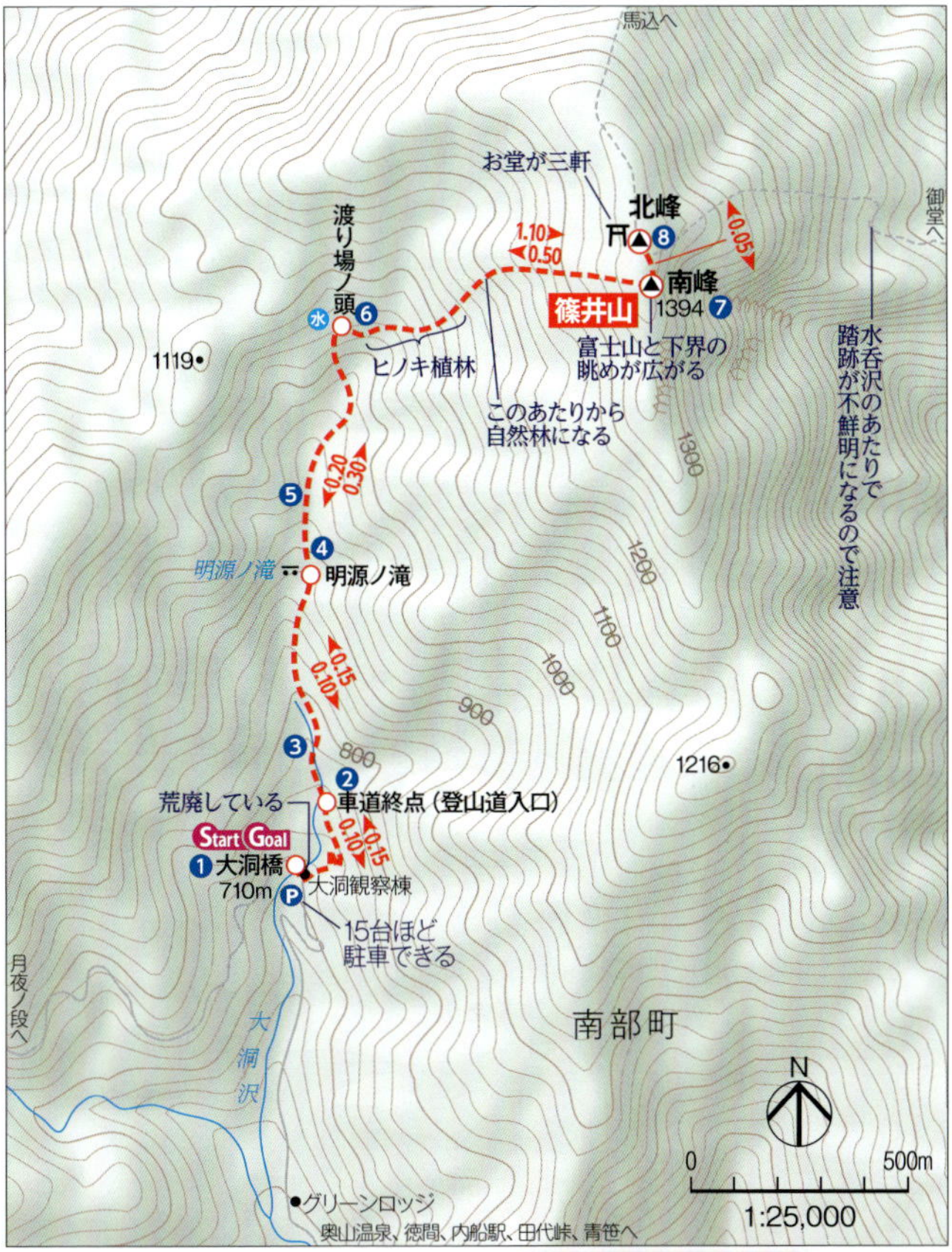


ると、ひと登りで三角点のある**篠井山南峰**である。富士山はもちろん、遠く伊豆半島まで眺めは広い。

**北峰**は、北へいったん下って御《み》堂《どう》への下降路を分け、わずかに登ったところである。モミやツガ、アスナロの小広い林の中に三棟のお堂が、それぞれを祀った集落の方向を向いて建っている。眺めはないが荘厳な雰囲気のところだ。祭神は四位明神で、かつて甲斐の国に派遣された歌人従四位の大凡《おおし》河内躬恒《こうちのみつね》が都をなつかしんでこの山に登ったことに由来し、山名もその四位によるという。

帰りは南峰に戻って往路を忠実に下る。

## CHECK POINT

1 剣抜大洞林道の大洞橋のたもと、廃屋に近い観察棟の建つ場所が登山口で、近くに駐車スペースがある

2 コンクリート舗装の道をしばらく登り、車道の終点から、沢を渡って登山道に入る

3 右岸をわずかに登って、また左岸に戻るが、橋の上は濡れていると非常にすべりやすいので要注意

4 何段かになった明源の滝が現れるが、その横を急登する間がこのコースでは最も足場が悪い

5 滝の高巻が終わると植林地になり、渡り場の頭への登りが始まるまでは傾斜もおだやかである

6 水が少なくなった沢を右岸に渡り、短い急登をこなすと渡り場の頭で沢を渡る。この上に水場はない

7 渡り場ノ頭からは植林地をぐんぐんと登っていく。あたりに自然林が多くなると南峰に着く

8 南峰は明るく眺めがいいが、北峰は社が３棟建つ荘厳な森である。北峰へは南峰からの往復となる

46

# 赤岳

## 八ヶ岳の盟主に登り、南八ヶ岳の核心部を縦走する

あかだけ
2899m

一泊二日

1日目 歩行時間=6時間50分 歩行距離=8.1km
2日目 歩行時間=4時間30分 歩行距離=7.0km

技術度
体力度

| | |
|---|---|
| コース定数 | =**46** |
| 標高差 | =1427m |
| 累積標高差 | ↗1965m ↘1904m |

↑権現岳から縦走路を振り返る。南八ヶ岳の峻峰がずらりと並び壮観だ

←竜頭峰を西側から巻いて頂上へ

赤岳は八ヶ岳の盟主である。長野県境にある山だが、山梨県側の麓、北杜市高根町あたりからの、両翼に阿弥陀岳《あみだだけ》と横岳《よこだけ》をしたがえた姿こそは盟主にふさわしい貫録である。

ここでは山梨県側からの主要登路のひとつ真教寺《しんぎょうじ》尾根を登って赤岳に登頂し、キレットに下って、権現岳を越えて天女山へと下ってみよう。キレット小屋に一泊行程となる。

**第1日** **美し森**《うつくしもり》から**羽衣池**《はごろもいけ》までは八ヶ岳横断歩道を登る。羽衣池から赤岳登山道が分かれるが、サンメドウズスキー場のリフト終点まではササが深いこともある。**リフト終点**をすぎると、すぐに賽《さい》ノ河原《かわら》で、目指す赤岳が牛首山《うしくびやま》の背後に姿を現す。樹林帯を三角点のある**牛首山**へ登り、わずかに下ってから緩く登って扇山を越す。

しばらく平坦な樹林帯が続いたあと、傾斜が強くなると道も険しさを増してくる。クサリ場が連続

■**鉄道・バス**
往路＝JR小海線清里駅からピクニックバス8分で美し森、さらに1分で羽衣池入口まで行くことができる。復路＝天女山駐車場から約3キロほどのまきば公園か八ヶ岳倶楽部まで歩けばピクニックバスが利用できる。タクシーを予約している場合は、JR小海線甲斐大泉駅へ。

■**マイカー**
美し森、天女山ともに無料の駐車場がある。美し森に駐車して、下山時はタクシーで駐車地点に戻るとよい。

■**登山適期**
積雪の多い年は6月半ばまで雪が残る。岩場の草付の高嶺の花は7月初旬が盛り。山梨県側の登山道は険し

する厳しい登りが続き、主稜縦走路に出ると阿弥陀岳の偉容が目に飛びこんでくる。頂上へはここから往復となる。竜頭峰《りゅうとうほう》の西側をへつり、中岳《なかだけ》方面からの登路を合わせ、鉄バシゴを登ると**赤岳**南峰である。

大展望を楽しんだなら往路を戻り、キレットへの下降となる。八ヶ岳の主稜随一の険路で気が抜けない。傾斜が緩むと、嘘のように平和な道となり、**キレット小屋**に着く。

**第2日**　前日の険路を思うと、**キレット小屋**からツルネにかけては比較的やさしい稜線で、四囲の景色を楽しみながら歩けるが、旭岳《あさひだけ》の岩峰が近づいてくると険しい登りになる。しかし真教寺尾根のように手を使うような場面は少ない。ただし、61段もある源治《げんじ》ハシゴは、それほどの傾斜ではないが、慎重に登ろう。

## CHECK POINT

1

美し森駐車場から遊歩道を登る。美し森は大展望が楽しめる観光地である

2

木段を登って羽衣池に出る。ここで八ヶ岳横断歩道から赤岳登山道が分岐する

3

賽の河原から、ときおり展望の開ける樹林帯を登って牛首山に着く

4

森林帯を抜けると傾斜は強まって鎖場が連続するようになる。落石には注意

5

赤岳頂上南の竜頭峰の基部で主稜に出て、目の前に信州側の風景が広がる

6

美濃戸からの登山者も合わせ、赤岳頂上はいつでもにぎわっている

7

赤岳から真教寺尾根分岐まで戻り、いよいよキレットへの下降がはじまる

8

足場は悪く傾斜もきつい下りが続く。やっと傾斜が緩むとキレット小屋だ

9

キレット小屋からツルネまでは穏やかな道だが、この後、岩稜の登りがはじまる

10

旭岳直下を巻いて権現岳への最後の登りに61段の源治ハシゴがかかっている

11

権現岳からの眺望は天下一品。たどってきた稜線が手にとるように見える

12

長い下りを終え天女山駐車場に着く。さらに八ヶ岳高原ラインへ歩道もある

い上に、稜線に出るまで避難する場所がないので、体調不良、悪天時は潔く引き返すこと。

■アドバイス

▽旧八ヶ岳美し森ロッジの下の駐車場まで入れれば、美し森をカットできる。真教寺尾根はサンメドウズスキー場のリフトを利用すると楽できる。営業開始時間が遅いが、小屋泊まりなら利用価値がある。県界尾根を登るなら、車がより高くまで入るのと、直接赤岳に達するのでわずかだが時間が短くて済む。赤岳権現岳間は八ヶ岳随一の険路である。天候や体調によっては赤岳周辺の山小屋に泊まったり、美濃戸口へ下ったりする方法も考えよう。

▽キレット小屋は開設期間が8月上旬～9月下旬の平日のみで、素泊まり10人までの貸切営業（2024年の情報）。

■問合せ先

北杜市役所☎0551・42・1111、赤岳頂上山荘☎090・2214・7255、キレット小屋☎090・4716・2008、権現小屋☎0551・36・2251（24年は休業）、清里ピクニックバス☎0551・48・2200（清里駅前観光案内所・あおぞら）、大泉タクシー長坂駅営業所☎0120・38・2312

■2万5000分ノ1地形図

八ヶ岳東部・八ヶ岳西部

前三ツ頭。長い樹林帯の下りがはじまる

天の河原。あとわずかで天女山の駐車場だ

ハシゴを登り終えたら、そこは**権現岳**《ごんげんだけ》の頂稜である。振り返る赤岳と阿弥陀岳両雄の並びがすばらしい。頂上は狭い岩なので上に立つのは難しい。

三《み》ツ頭《がしら》との鞍部のダケカンバ林まではちょっとしたクサリ場もあるが、クサリに頼るほどのこともない。**三ツ頭**を越えて、わずかでアトノ尾根を分けると樹林帯に入り、再び眺めのよい岩礫の道になると**前**《まえ》**三ツ頭**に着く。

前三ツ頭からは方向を東寄りに向けて樹林帯へ入っていく。段差のある急な下りが延々と続き、疲れた足には厳しい。やっと傾斜が緩んだら、まもなく砂礫の明るい道となり、眺めのよい天《あま》ノ河原《かわら》を経て、**天女山**《てんにょさん》**の駐車場**に着く。

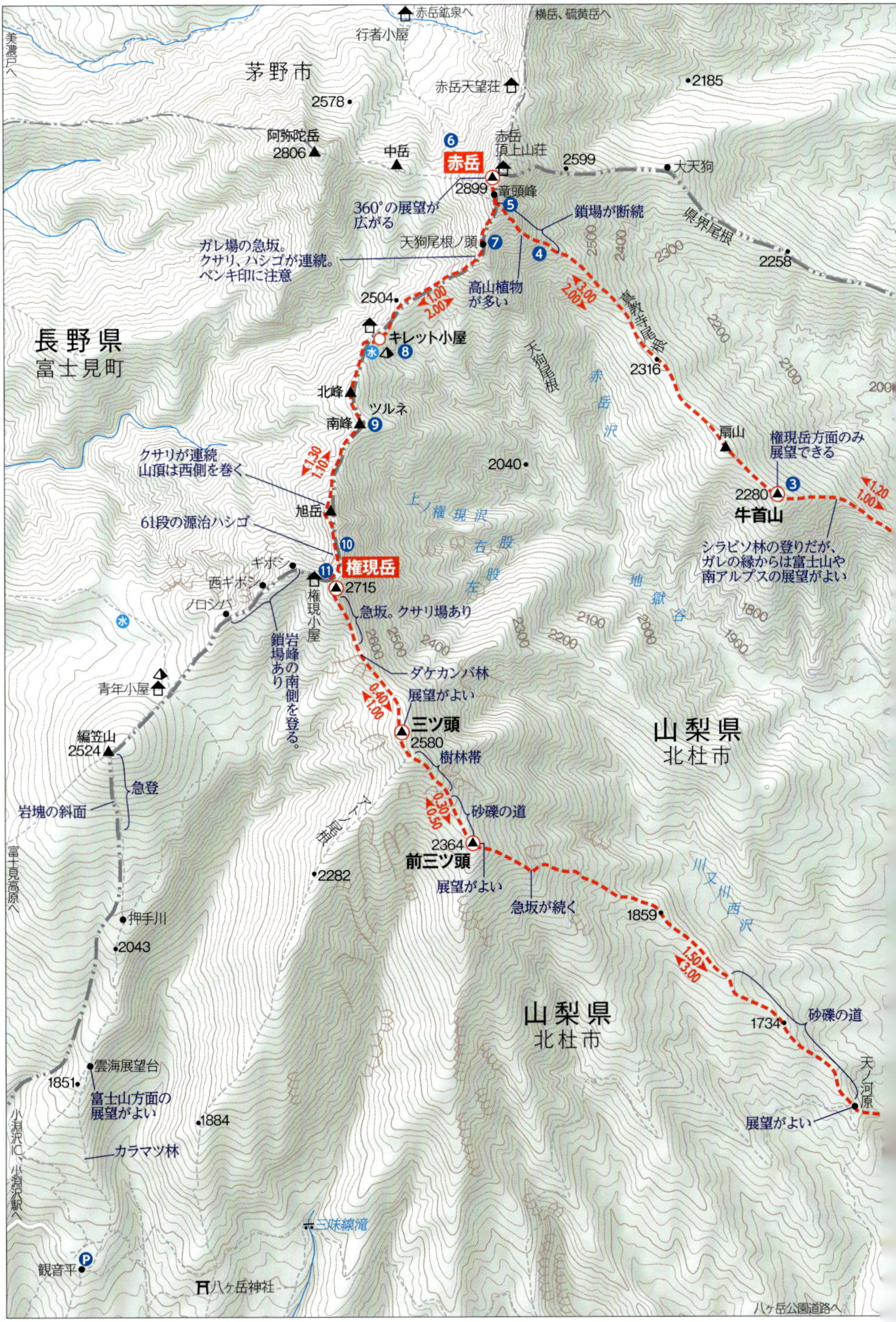
赤岳鉱泉へ
横岳、硫黄岳へ
行者小屋
美濃戸へ
茅野市
赤岳天望荘
2185
2578
阿弥陀岳
2806
中岳
赤岳
赤岳頂上山荘
2599
大天狗
2899
竜頭峰
360°の展望が広がる
鎖場が断続
県界尾根
天狗尾根ノ頭
ガレ場の急坂。クサリ、ハシゴが連続。ペンキ印に注意
高山植物が多い
2258
2504
キレット小屋
長野県
富士見町
天狗尾根
2316
北峰
ツルネ
南峰
赤岳沢
扇山
権現岳方面のみ展望できる
クサリが連続山頂は西側を巻く
2040
2280
牛首山
上ノ権現沢
旭岳
61段の源治ハシゴ
右股
シラビソ林の登りだが、ガレの縁からは富士山や南アルプスの展望がよい
ギボシ
権現岳
西ギボシ
2715
左股
ノロシバ
地獄谷
急坂。クサリ場あり
権現小屋
鎖場あり
岩峰の南側を登る。
ダケカンバ林
青年小屋
展望がよい
三ツ頭
山梨県
北杜市
編笠山
2524
2580
樹林帯
急登
砂礫の道
岩塊の斜面
2364
前三ツ頭
アイ尾根
2282
富士見高原へ
展望がよい
急坂が続く
川又川西沢
1859
押手川
2043
山梨県
北杜市
1734
砂礫の道
雲海展望台
1851
天ノ河原
富士山方面の展望がよい
展望がよい
1884
小淵沢IC、小淵沢駅へ
カラマツ林
三味線滝
観音平
八ヶ岳神社
八ヶ岳公園道路へ

# 47 編笠山・権現岳

## 観音平を基点に八ヶ岳最南部の伽藍を巡る

日帰り

あみがさやま　2524m
ごんげんだけ　2715m

歩行時間＝9時間
歩行距離＝11・0km

技術度
体力度

コース定数＝35
標高差＝1145m
累積標高差　↗1480m　↘1480m

権現岳頂上より編笠山からギボシへと続く稜線を振り返る

八《やつ》ヶ岳《たけ》南麓地方の山梨県側でも、長野県境に近い集落からは、八ヶ岳の主峰・赤岳《あかだけ》やそれに次ぐ阿弥陀岳《あみだだけ》は見えない。それらを隠しているのが、編笠山や権現岳、三《み》ツ頭《がしら》である。ここでは観音平《かんのんだいら》を基点にこれらの峰をめぐってみよう。

**観音平**から雲海展望台へは二筋の道がある。いずれも明るいカラマツ林の下に広がるササ原を緩く登っていく道で、東側の尾根道が少し短い。雲海展望台からは富士山方面の展望がきく。

やがて広葉樹から暗い針葉樹の森となる。地表に露出した根や苔むした岩を踏んで登っていくと、やや傾斜が緩んで、青年小屋への巻道を分ける**押手《おしで》川**に着く。水場としてはあまりあてにできない。

**■鉄道・バス**
往路・復路＝観音平へはバス便がないため、JR中央本線小淵沢駅からタクシーを利用。所要約20分。

**■マイカー**
登山口の観音平には30台ほどが停められる駐車場がある。中央自動車道小淵沢ICから約8㌔。

**■登山適期**
6～10月。ほとんどが南斜面の登降なので、雪のなくなるのは比較的早い。それでも6月初旬までは森林帯に雪が残ることがある。

**■アドバイス**
▽青年小屋か権現小屋に一泊すれば山の美しい朝夕の景色が楽しめるだろう。観音平の駐車場は広いが、それでも春秋の休日にはあふれかえる。観音平の手前の富士見平にも少しだが駐車スペースがあり、そこからも編笠山へ登れる。6月から7月にかけてアブやブヨが大発生することがある。虫に弱い人は対策しておこう。

**■問合せ先**
北杜市役所☎0551・42・1111、青年小屋☎090・2657・9720（現地）、権現小屋☎0551・36・2251（24年は休業）、小淵沢タクシー☎0551・36・2525

**■2万5000分ノ1地形図**
小淵沢・八ヶ岳西部・八ヶ岳東部

ここからだんだんと傾斜が増していく。展望のない森の中の急登をこなすと、左手に眺めのよい岩塊斜面が広がっている。

さらに傾斜が強まり、ハシゴが現れる。周りはハイマツ帯となり眺めも開ける。たどり着いた広い**編笠山**頂上からは、八ヶ岳の主峰群が目の前に現れる。四方の眺めもすばらしい。

岩塊斜面の大岩を飛び移りながら**青年小屋**へ下り、また森林帯に入る。それを抜け出たところが**ノロシバ**

## CHECK POINT

1 観音平の駐車所は広いが、休日の朝は満杯になって、車道の縦列駐車になる

2 押手川で青年小屋へ巻道を分ける。ここまでひたすら樹林帯の登りである

3 編笠山から青年小屋へは、大岩から大岩へと飛び移って下るようなところがある

4 「遠い居酒屋」の提灯のかかった青年小屋には左党も多く集まるという

5 権現岳を越し、三ツ頭まで来れば、展望のいい場所はほぼ終わる

6 三ツ頭の下でアトノ尾根が分岐する。マイカーでなければ天女山に下るのもいい

7 長い下りののち、周囲がカラマツ林の笹原になってきて八ヶ岳横断歩道に出る

8 整備された歩道は涸れ沢に下る。山歩きの最後が登りで終わることになる

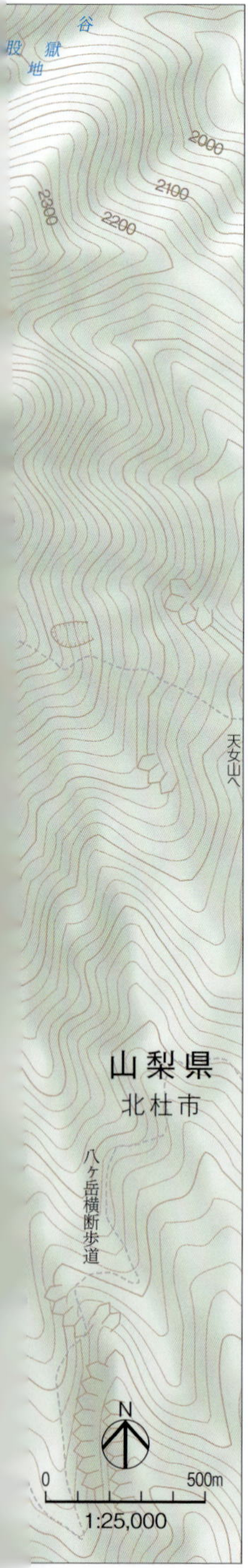

←編笠山頂上からの諏訪湖、乗鞍・北アルプス

←編笠山頂上からの阿弥陀岳、横岳、赤岳

で、西ギボシの荒々しい岩壁が目の前に迫っている。

岩峰はことごとく南側からクサリに頼ってトラバースしていく。高度感はあるが、足もとはしっかりしている。

再び稜線に出るのはギボシの東の鞍部で、山頂へは一投足である。**権現岳**頂上岩峰は東側が絶壁だから要注意。ここからの、赤岳と阿弥陀岳の両雄が並び立つ姿は実にすばらしい。振り返ると富士が気高い。

さて下山はいっきに三ツ頭との鞍部のダケカンバ林まで下り、**三ツ頭**に登り返す。振り返り見る権現岳は、これまでとは異なった威容を見せる。

三ツ頭からわずか下ったところで、天女山《てんにょさん》へ下るコースからアトノ尾根コースが分岐する。傾斜は緩いが、長い尾根である。木戸口《きどぐち》公園は尾根上の一角で、別に整備された公園というわけではない。

長い下りがいやになるころ、あたりがササ原になり、**八ヶ岳横断歩道**に出る。歩きやすい歩道をいったん沢まで下り、登り返すと**観音平**だが、最後の最後での登りはきつい。

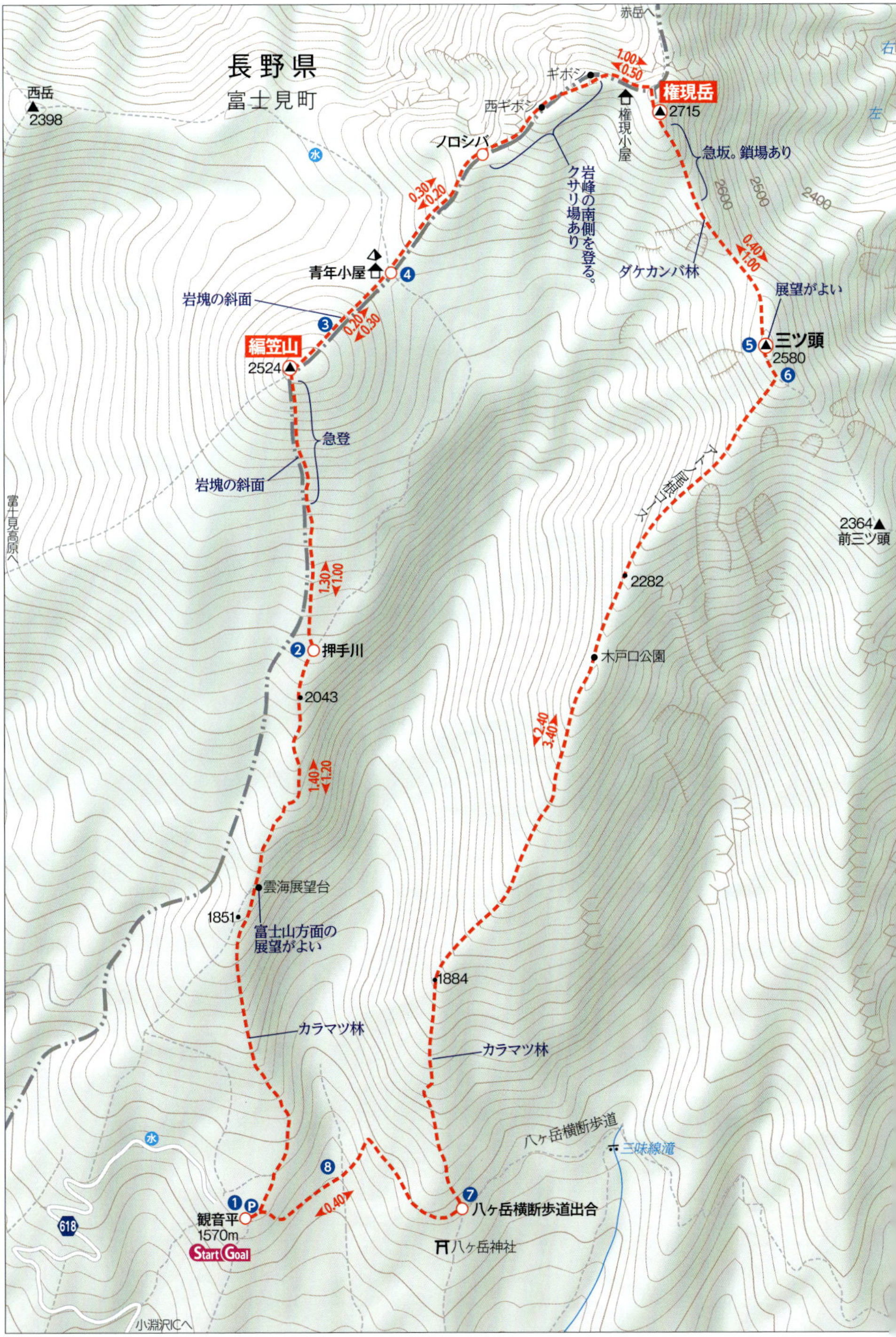

長野県
富士見町
西岳
2398
赤岳へ
ギボシ
西ギボシ
権現岳
2715
権現小屋
1.00
0.50
ノロシバ
0.30
0.20
急坂。鎖場あり
2600
2500
2400
岩峰の南側を登る。クサリ場あり
ダケカンバ林
0.40
1.00
青年小屋
展望がよい
岩塊の斜面
0.20
0.30
編笠山
2524
三ツ頭
2580
急登
岩塊の斜面
アトノ尾根コース
富士見高原へ
2364
前三ツ頭
1.30
1.00
2282
押手川
木戸口公園
2043
2.40
3.40
1.40
1.20
雲海展望台
1851
富士山方面の展望がよい
1884
カラマツ林
カラマツ林
八ヶ岳横断歩道
三味線滝
0.40
観音平
1570m
Start
Goal
八ヶ岳横断歩道出合
八ヶ岳神社
618
小淵沢ICへ

48

八ヶ岳と見間違う、長く優美な裾野を持つ

# 茅ヶ岳

かやがたけ
1704m

日帰り

歩行時間＝3時間55分
歩行距離＝6・5km

技術度
体力度

コース定数＝17
標高差＝762m
累積標高差 ↗762m ↘762m

新府桃源郷からの茅ヶ岳

甲府から韮崎にかけてから見る茅《かや》ヶ岳《たけ》と金《かな》ヶ岳《たけ》の連なりは、その凹凸や長く優美な裾まで向こうに見える八《やつ》ヶ岳《たけ》とそっくりで「ニセ八ツ」という別称にも納得させられる。だが、その山腹を埋めつくした広葉樹の新緑や紅葉は、八ヶ岳にはないものだ。茅ヶ岳を登山中に病死した深田久弥の記念公園の駐車場を基点にうまく周回できるので、マイカー登山には好適である。

**駐車場**から、登山道とは逆方向だが、前記の公園があるので立ち寄ってみよう。公園上部に茅ヶ岳に碑面を向けた文学碑がある。

分岐に戻って、かつては車も通った道を歩く。裾野を輪切りにしている**前山大明神林道**《まえやまだいみょうじん》を横切ってしばらくで古い車道は終わり、山道へ入る。ひと登りで、かつての水場**女岩**《おんないわ》だが、崩落の危険があるため立入禁止になっている。

女岩の上部からは山腹をジグザグに登りつめていく。道が大岩をからむようになると稜線は近い。登り着いたのは大明神岳《だいみょうじんだけ》との鞍部の茅ヶ岳頂上寄りで、**女岩のコル**とよばれることが多い。金峰山《きんぷさん》と奥秩父《おくちちぶ》の山並みがはじめて目に入ってくる。

尾根道をわずかに登ると、深田久弥終焉の地を示す石碑があり、そこから露岩のやせた尾根を登ることしばし、小広い**茅ヶ岳**山頂に着く。灌木が刈られたばかりのと

■鉄道・バス
往路・復路＝深田記念公園へは、JR中央本線韮崎駅から韮崎市民バスと山梨峡北交通バスがある。前者は平日、後者は4月～11月下旬の土曜・休日などに運行している。

■マイカー
登山口の深田公園に約20台収容の駐車場がある。中央自動車道韮崎ICから約7㌔。

■登山適期
新緑の5月中旬～6月、紅葉の10月下旬～11月初旬がよい。

■アドバイス
▽昭和46年3月21日、深田久弥氏はこの山の頂上直下で脳溢血で死去した。遭難場所には、そのときの同行者であった故・山村正光氏により、「深田久弥先生終焉の地」の石碑が立てられている。
▽立ち寄り湯は、ハイジの村クララ館（旧明野温泉太陽館／☎0551・25・2601）がある。

■問合せ先
北杜市役所☎0551・42・1111、甲斐市役所☎055・276・2111、韮崎市役所（登山、韮崎市民バス）☎0551・22・1111、山梨峡北交通☎0551・42・2343、YKタクシー☎0551・22・2435、甲斐タクシー☎0551・22・0255、韮崎タクシー☎0551・22・2235

きなら、金ヶ岳にさえぎられた北八ヶ岳方面以外は、独立峰らしい広い展望が楽しめる。

帰りは南へと、韮崎市と北杜市の市境尾根を下る。**千本桜《せんぼんざくら》への尾根を右に分ける**と、防火帯になって、明るい尾根道となる。一直線の急な尾根で、露岩を縫って下るような部分が多い。

傾斜が緩んだら前述の林道に出る。左に行けば**往路に合する**。そのまま尾根伝いに歩き、少々遠回りでも饅頭峠を経由して駐車場に戻るのもおもしろい。

■2万5000分ノ1地形図
茅ヶ岳・若神子

大勢の登山者が憩う茅ヶ岳頂上

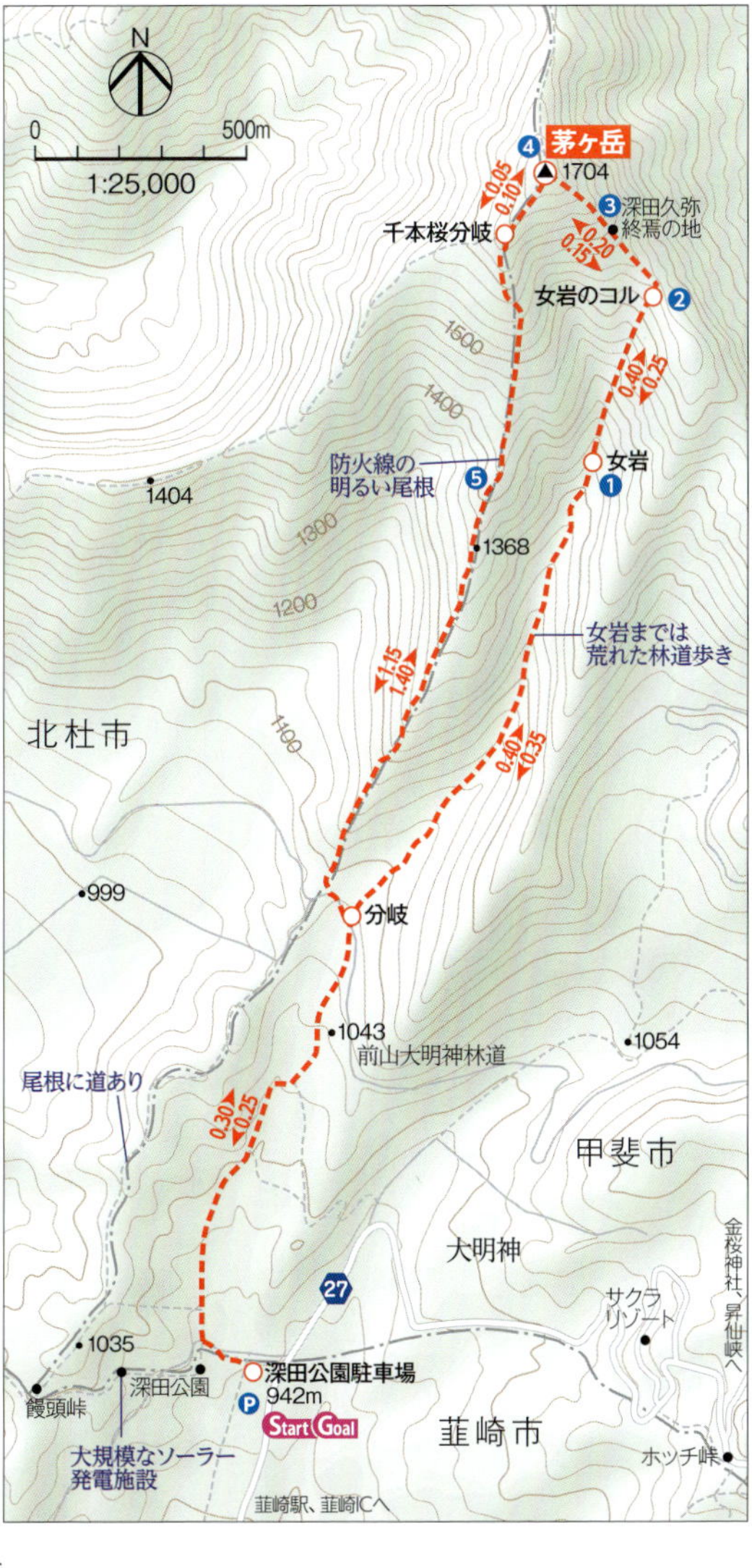


## CHECK POINT

深田公園駐車場から女岩まではかつては車が通った道。女岩の水場は危険なので立入禁止になっている

女岩の右手から山道がはじまる。美しい広葉樹の林に覆われた山腹を登って、女岩のコルに出る

頂上直下に深田久弥終焉の地がある。百名山を登り終えた人がここを訪れることが多くなったという

頂上はツツジなどの灌木が伸びて眺めを隠しつつあったが、最近刈られて見晴らしがよくなった

南への市境尾根は防火線の切られて明るい。遠回りだが、途中から千本桜へ下る稜線もいい雰囲気だ

49

山名の由来がわかる峠からその山に登る

# 升形山・黒富士

ますがたやま 1650m
くろふじ 1633m

日帰り

歩行時間＝5時間30分
歩行距離＝9・1km

技術度 ▲▲▲
体力度 ♥♥

コース定数＝22
標高差＝665m
累積標高差 ↗914m ↘914m

黒富士峠からの黒富士と富士山

黒富士峠からの八ヶ岳

「山梨百名山」に選ばれてから黒富士に登る人は飛躍的に増えたが、山名の由来を知っている人は少ない。本物の富士山の横に、この山が黒い相似形で並ぶことがその由来で、しかしその姿が見られるのは、東麓の黒平《くろべら》から登るときに通過する黒富士峠付近からだけである。そのコースを紹介しよう。

甲府市最奥の集落、黒平にある宿泊施設マウントピア黒平を登山口とするが、升形山までの登山道は踏跡程度の部分もあり、道標も完備ではないので初心者向きではない。

**マウントピア黒平**の最奥のコテージの脇から山道がはじまる。しばらくは遊歩道のような道だが、壊れかけた**橋**で小沢を渡ると、道はややか細くなる。次に沢を向こう岸に渡る部分からは目印に注意。沢沿いに登っている間は緩やかな登りだが、源流部のカラマツ植林地に入ると傾斜が強まり、黒富士峠

■**鉄道・バス** 往路・復路＝バス便はないので、JR甲府駅からタクシーを利用する。所要約50分。

■**マイカー** 登山口のマウントピア黒平へは中央自動車道甲府昭和ICから約25㌔。

■**登山適期** 新緑の5月中旬～6月中旬、紅葉の10月中旬～11月初旬が特にすばらしい。

■**アドバイス** ▽マウントピア黒平へは、金桜神社から山越えの道と荒川ダムから沢沿いの道が通じているが、後者が早い。黒富士とは逆に、升形山は富士山型に見えることが多いのだが、黒富士峠から見ると枡形なのである。▽升形山の東尾根にも踏跡があるが(夕もや尾根)、初心者は入らないこと。入山がタクシーなら、鬼頬山を越えて平見城へ下るとよい。

■**問合せ先** 甲府市役所☎055・237・1161、マウントピア黒平管理事務所☎055・287・2201、合同タクシー☎055・255・5151

■**2万5000分ノ1地形図** 茅ヶ岳

が近づくとササを分けての急登となる。

西に八ヶ岳を望む明るいササ原の**黒富士峠**からは、晴れていれば前述の光景が見られるだろう。ここから升形山へは、稜線の西側に踏跡があるが、稜線通しに突起を越えて歩いてもさほど時間は変わらない。

升形山山頂へは北側から直接登ることもできるが、西側の巻道でいったん南鞍部の八丁平《はっちょうだいら》上部へ出てから登ってもよい。**升形山**の頂上は数人で満員になるような岩場で、北側の展望は抜群である。

黒富士へはそれまでと違ってしっかりした道である。八丁平で八丁峠方面からの道と合流したあと、少し登ったところで鬼頬山《おにがわやま》方面からの道が合わさる。黒富士の登りは急なところもあるが、わずかで頂稜に出ると、北端の岩場からは北側の展望がよい。山名標柱のある**黒富士**山頂からはあまり展望はないが、わずかに南に下ったところに展望所がある。

帰りは往路を忠実に戻る。

## CHECK POINT

マウントピア黒平は、コテージが10棟ある宿泊施設で、管理人の藤原氏が黒富士峠ルートを拓いた

ホウズキ平から夕もや尾根経由で升形山に登ることができるが、初心者だけでは入らないこと

沢沿いに道は続くが、標高1350メートル付近で南へ入る支沢に引き込まれないように注意。西へ進むこと

鹿の広場は沢の源頭に近い、カラマツの植林地で、ここから黒富士峠にかけて徐々に傾斜が強まってくる

黒富士峠手前のササ原では踏跡が薄い。北に登ったあと、西へとトラバース気味に斜上して峠に達する

黒富士峠は穏やかなササ原で、西側が広く開けている。ここで初めて見える八ヶ岳がおおらかだ

升形山の頂上は数人が立てば満員である。金峰山方面に眺めは広いが、足元には充分注意したい

升形山からはよく踏まれた道である。黒富士は、北の岩場と、頂上を南に下ったところから展望がきく

## 50 羅漢寺山 らかんじやま 1058m

**有名な昇仙峡の西、静けさの残る花崗岩の山々**

日帰り

歩行時間＝3時間55分
歩行距離＝8.0km

技術度 ★★
体力度 ★★

コース定数＝18
標高差＝598m
累積標高差 850m / 485m

白砂山からの羅漢寺山（弥三郎岳）

昇仙峡ロープウェイパノラマ台駅前にある富士山遥拝所

観光地として有名な昇仙峡は、主に荒川右岸に露出した花崗岩の奇岩群がその特徴だが、それらを含む山域にはこれといった名称がなかった。私は最高峰の山名をとって羅漢寺山塊とよぶのがふさわしいと思う。その主稜線上には、金峰山の里宮・金櫻神社への参詣路、いわゆる御嶽道のひとつが通じていた。昇仙峡の南側の起点、長潭橋からこの山塊を北へ、一部では御嶽道をなぞりながら、金櫻神社まで歩いてみよう。

**長潭橋**の右岸のたもとに歩道の入口がある。わずかに登って車道に出たら千田集落方面へ右折、しばらく車道を歩いたあと左手にある道標からまた山道に入る。吉沢からの細い車道に合流すると、その北一帯は、歌川広重の絵に

▶ 羅漢寺山から金櫻神社までは車道歩きなので、同じ車道歩きなら、ロープウェイもしくは歩道で仙娥滝へ下り、昇仙峡を眺めながら長潭橋へ歩くのもいい。有名な観光地ならではの渓谷美が楽しめる。甲斐市ふるさと自然観察路は、山の西側の獅子平と下福沢から稜線に達しており、個々のコース設定の参考にしよう。

▶ 紹介コースを行く場合は、マイカーは不向き。甲府駅周辺に駐車してバスを利用する方がよいだろう。

▶ 新緑の5月中旬～6月中旬、紅葉の10月中旬～11月初旬がおすすめ。

**■登山適期**

**■アドバイス**

**■鉄道・バス**
往路＝JR甲府駅から山梨交通バス約29分の昇仙峡口バス停下車。登山口の長潭橋は100㍍ほど。
復路＝金櫻神社発着のバス便は廃止。昇仙峡滝上バス停まで車道を30分歩く。バス停から約50分で甲府駅。

**■マイカー**
甲府昭和ICから約11㎞、昇仙峡口バス停横の市営昇仙峡滝上市営駐車場など有料・無料の駐車場が多数ある。

**■問合せ先**
甲斐市役所☎055・276・2111、甲府市役所☎055・237・1161、山梨交通バス事業部業務課☎055・223・0821、合同タクシー☎055・255・5151

2万5000分ノ1地形図
甲府北部・茅ヶ岳

八ヶ岳と県西部 50 羅漢寺山 142

ある**外道《げどう》ノ原《はら》**である。かつての開拓地だったので、畑の跡が見られる。原の中央あたりで、これも広重の絵にある枕石という大岩をすぎると、少し傾斜が強まった道には、ところどころ倒木があって歩きにくい。

ひと登りで左から甲斐市ふる里自然観察路と合流するが、そのすぐ手前に、数分で行ける太刀《たち》の抜《ぬ》き岩《いわ》への踏跡がある。

観察路はよく整備された道で、山の西側を巻いて続く。やがて**白山**への分岐がある。眺めがいいので往復するとよい。分岐に戻ってなおも進む。白砂山《しらすなやま》への分岐からわずかに下り、やや急な登りをこなすと観光客でにぎわう羅漢寺山の西端、**パノラマ台**で、あたりは俗な観光地そのものである。最高点の**弥三郎岳《やさぶろうだけ》**は東の端で、観光客に混じって花崗岩の道を往復する。仙娥滝《せんがたき》方面へはここからロープウェイで下れるが、歩道もある。

金桜神社のある御岳町《みたけ》までは車の通れる道が尾根筋に続いている。県道に出たら左に進むことわずかで**金桜神社**の鳥居が見えるだろう。

## CHECK POINT

1 昇仙峡口バス停からだと長潭橋の手前、昇仙峡駐車場からだと橋を渡ると登山道の入口がある

▼

2 吉沢からの道が合流すると外道ノ原で、北仙開拓という開拓地であった。今は畑の跡が残るのみである

▼

3 羅漢寺山の手前、道からはずれたところに白砂山がある。羅漢寺山を眺めるにはここが良い

▼

4 パノラマ台駅から東へ稜線をたどり、山塊の最高点、岩陰に酒の神様が祀られている弥三郎岳に着く

▼

5 パノラマ台からは車道歩き。江戸時代まではこの道筋をたどって善男善女が金桜神社に参ったのである

●著者紹介

**長沢 洋**（ながさわ・ひろし）

1958年大阪市に生まれる。中学、高校と名古屋ですごす。高い山に憧れて山梨県の都留文科大学に進むが、結局学生時代は山登りはほとんどせず、もっぱら下界で放蕩する。卒業後は河口湖に住み、御坂山地で茶店の番頭を20年近く勤める。その間、再び山登りに目覚め、せっせと県内の山に通う。2000年から八ヶ岳南麓の北杜市大泉町で、登山者向けの宿「ロッジ山旅」を経営。

面倒なことが大嫌いだから、たくさんの道具を使う激しい登山とはついに無縁だが、やぶこぎはあまりいとわない。ひと気のない山の、傾斜の緩い、しかも明るい尾根道をのんきにぶらぶら歩くのを何より好む。

著書にヤマケイ アルペンガイド『奥多摩・奥秩父』（共著／山と溪谷社）など。日本山岳会会員。

写真協力：俵 一雄、富田雄一郎


分県登山ガイド14

# 山梨県の山

2016年4月15日 初版第1刷発行
2024年11月25日 初版第6刷発行

著　者 —— 長沢 洋
発行人 —— 川崎深雪
発行所 —— 株式会社 山と溪谷社
〒101-0051
東京都千代田区神田神保町1丁目105番地
https://www.yamakei.co.jp/

■乱丁・落丁、及び内容に関するお問合せ先
山と溪谷社自動応答サービス　TEL03-6744-1900
受付時間／11:00～16:00（土日、祝日を除く）
メールもご利用ください。
【乱丁・落丁】service@yamakei.co.jp
【内容】info@yamakei.co.jp

■書店・取次様からのご注文先
山と溪谷社受注センター
TEL048-458-3455　FAX048-421-0513

■書店・取次様からのご注文以外のお問合せ先
eigyo@yamakei.co.jp

印刷所 —— 大日本印刷株式会社
製本所 —— 株式会社明光社

ISBN978-4-635-02044-2





●編集
WALK CORPORATION
吉田祐介
●ブック・カバーデザイン
I.D.G.
● DTP
WALK DTP Systems
水谷イタル　三好啓子
● MAP
株式会社 千秋社

●乱丁、落丁などの不良品は送料小社負担でお取り替えいたします。
●定価はカバーに表示してあります。


■本書に掲載した地図は、国土地理院長の承認を得て、同院発行の数値地図（国土基本情報）電子国土基本図（地図情報）、数値地図（国土基本情報）電子国土基本図（地名情報）及び数値地図（国土基本情報）基盤地図情報（数値標高モデル）を使用したものです。（承認番号　平27情使、第960号）
■各紹介コースの「コース定数」および「体力度のランク」については、鹿屋体育大学教授・山本正嘉さんの指導とアドバイスに基づいて算出したものです。
■本書に掲載した歩行距離、累積標高差の計算には、DAN杉本さん作製の「カシミール3D」を利用させていただきました。